內蒙風物——喀喇沁王府的日本女教習

主編｜張明杰、袁向東　中譯｜孫紹岩、吳麗霞
導讀｜藍美華

一宮操子 原著

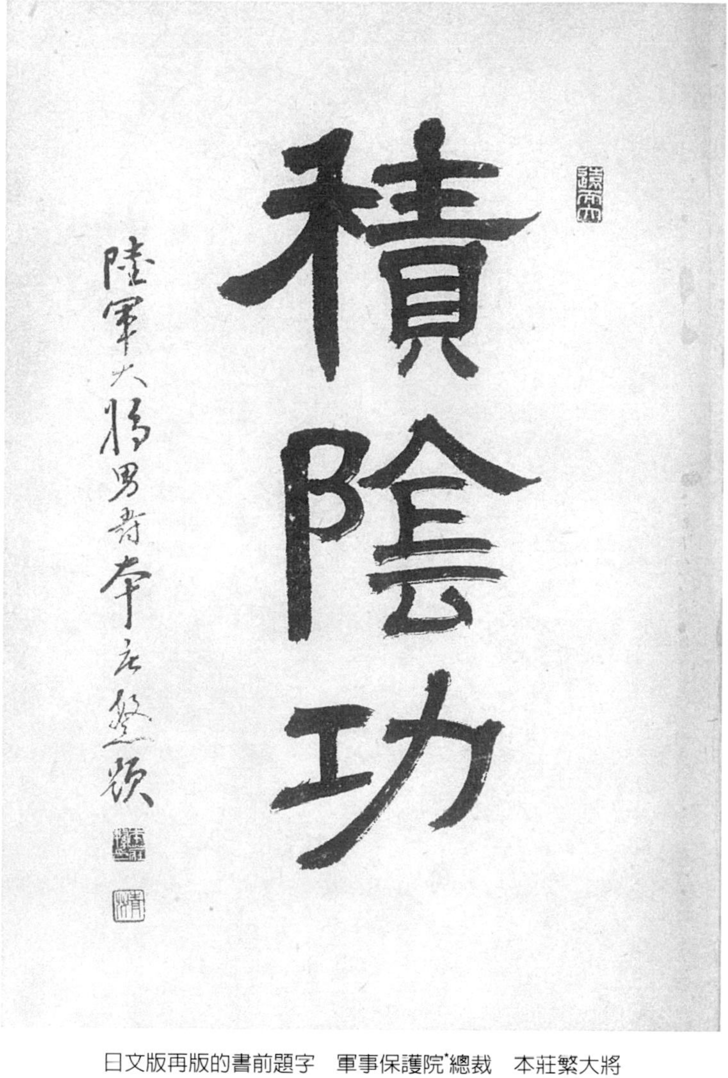

日文版再版的書前題字　軍事保護院*總裁　本莊繁大將

* 1939年，中日戰爭進入新階段，日本為了加強對軍人的援助保護，作為厚生省外局而開設的部門。

日文版再版的書前題字　滿洲國駐日大使　王允卿

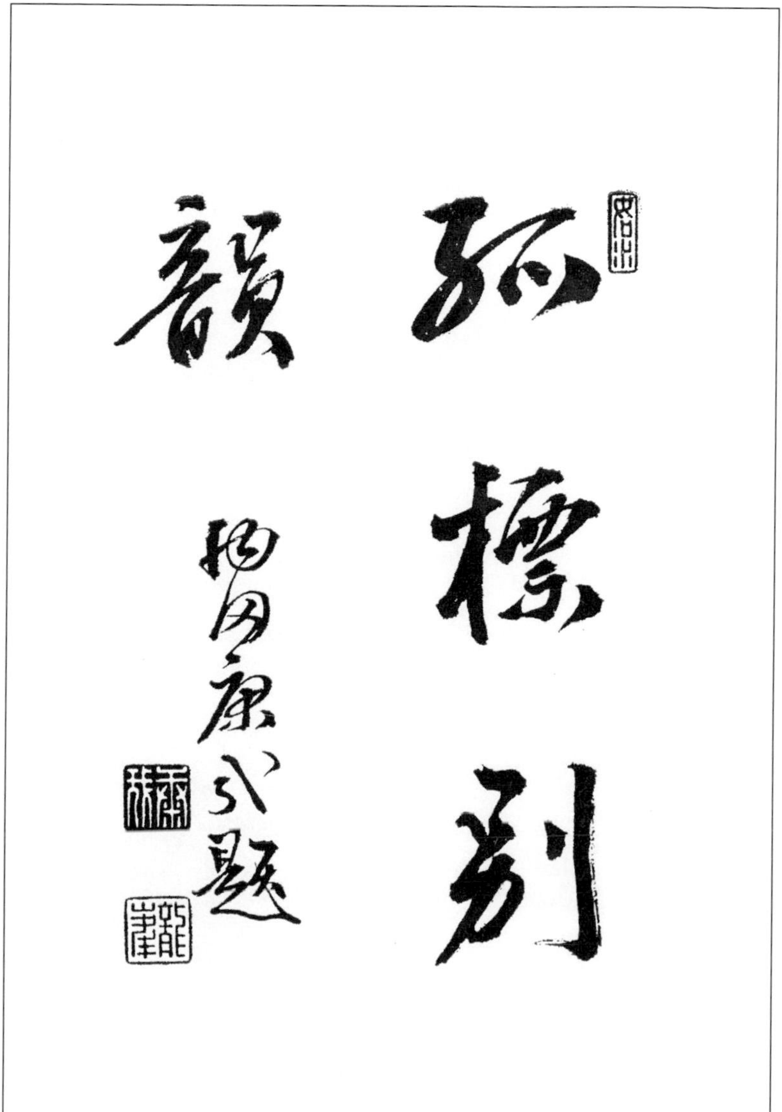

日文初版的書前題字　內田康哉

日文初版的書前題字　福島安正大將

喀喇沁王、福晉及當時的作者

作者一宮操子
攝於日文再版出版前不久

在喀喇沁王府擔任女教習時的作者與學生

肅親王筆跡

喀喇沁王筆跡

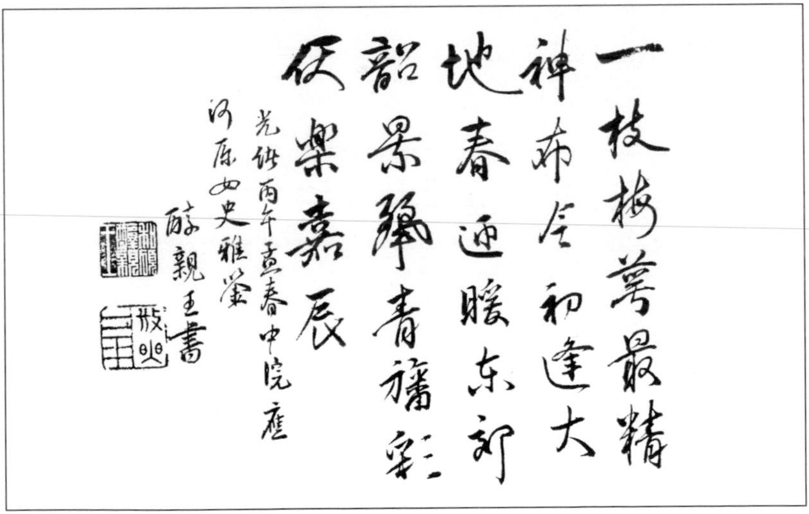

醇親王筆跡

主編序

張明杰

中日交往，源遠流長。千百年間，日本曾視中華為「聖人之國」、「禮儀之邦」。然步入近代，中國卻一變而為日本侵略擴張的標的。在以西學為範本的近代學術的諸多領域，也是日本人著了先鞭。早在清末民初時期，日本的一些組織或個人就深入到中國內陸及邊疆地區，從事形形色色的調查及其它活動，並留下了為數眾多的調查報告、見聞遊記等文獻資料。

僅調查活動而言，既有出於政治與軍事目的的偵探，包括兵要地志、政情民俗、商貿經濟、民族文化、社會風貌等，也有以所謂學術考察為名的各種調查，如考古發掘、民族宗教、地質地理、建築美術等。就筆者所見所知，這類調查文獻大大小小數以千計，僅東北和內蒙古（日本所謂「滿蒙」）地區，就多達兩、三百種。若加上那些秘不示人或已焚毀的機密報告等，近代日本人涉及中國邊疆地區的調查等文獻資料，其數量之多，可想而知。

這些邊疆調查及其文獻資料，對於我們解讀近代中日關係，考察日本人的涉華活動及對華認識，至關重要。同時對彌補和豐富中國的邊疆史料，再現邊疆地區的社會風貌及歷史斷面，也有一定的參考價值。

一、軍事偵探

在這類文獻資料中，最早的應屬軍事偵探類。明治政府成立之初，即現覬覦中國之心。早在一八七二年八月，政府就派遣池上四郎少佐、武市熊吉大尉及外務官員彭城中平三人，秘密潛入中國東北地區，從事偵探活動。為掩蓋軍人身分，兩名軍官暫被委任為外務省官員。他們改名換姓，喬裝成商人，從營口到瀋陽等地，對遼東半島及周邊地區的地理兵備、政情風俗等進行偵探調查，翌年回國後，提交了由彭城中平起草的《滿洲視察覆命書》。[1]此乃近代日本人最早的對華軍事調查報告。報告中，尤其提到對遼河結冰與解凍情況的調查，具有鮮明的軍事偵探色彩。

一八七三年後，政府有組織地派遣陸海軍官，分批潛入大陸，從事偵探諜報活動。

1 《滿洲視察覆命書》原件下落不明，現在看到的是作為附錄收錄於《西南記傳》上卷一（黑龍會編，東京：原書房，一九六九年複製版）裡的同名文本。

如一八七三年末派遣以美代清元中尉為主的八名軍官，一八七四年派遣以大原里賢大尉為首的七名軍官等，即早期所謂「清國派遣將校」之實例。這些人名義上打著留學的旗號，其實所接受的指令是「收集情報」，尤其是對與朝鮮、俄國接壤的東北地區和內陸、沿海各省，以及臺灣等地進行調查。一八七五年，日本駐華公使館開始常駐武官，福原和勝大佐上任後，負責監督和指揮在華軍官的行動。一八七八年，隨著參謀本部的設立，以軍事偵探為目的的入華軍官派遣體制得以最終確立，派遣及偵探活動也更為組織化、規模化和具體化。分期分批派遣的軍官以營口、北京、天津、煙臺、上海、漢口、福州、廣州、香港等為根據地，對中國諸多省區進行廣泛而又縝密的調查，範圍不僅僅限於東北、華北、華中及南方沿海諸省，而且擴展到陝甘內陸、新疆及雲貴等邊疆地區。如常駐北京的長瀨兼正少尉曾潛入甘肅區域，大原里賢大尉曾深入到川陝地區，小田新太郎大尉曾入川鄂雲貴地區，從事密探。一八八六年奉命來華的荒尾精中尉，以岸田吟香經營的樂善堂為據點，糾集一些所謂「大陸浪人」，對內陸省份及新疆地區進行偵探調查。其諜報活動後由退役軍官根津一繼承，日後設立日清貿易研究所，後又發展為東亞同文書院，成為培養和造就涉華情報人員之搖籃。在調查和收集大陸情報方面，荒尾精及根津一所構築的諜報網發揮了極為重要的作用。

這些派遣軍官定期向政府及有關組織發送情報，不少人還留下了詳細的偵探日誌、調查覆命書及手繪地圖等。如島弘毅的《滿洲紀行》、梶山鼎介的《鴨綠江紀行》等，即其中的調查報告。後來，參謀本部編纂《中國地志》（總體部，一八八七）、《滿洲地志》（一八八九）和《蒙古地志》（一八九四）等文獻時，曾參考了這些實地調查記錄，部分軍官還直接參與了編纂和校正。這些地志並非普通意義上的地志，而是帶有強烈軍事色彩的兵要志書。而且完成於中日甲午戰爭之前，這一點尤其值得注意。遺憾的是，除部分已公刊的之外，不少文獻已遭人為銷毀，[2]致使今日無從獲知其下落。只是當時的一些手繪地圖等，二戰後為美軍所扣押並運往美國，現藏於美國議會圖書館。[3]另外，甲午戰爭後，由參謀本部牽頭實施的在華地圖測繪及偵探活動，更是觸目驚心。《外邦測量沿革史草稿》（三卷，參謀本部・北中國方面軍司令部編、一九七九年複製版）、《陸地測量部沿革志》（陸地測量部編，一九二二）、《參謀本部歷史草案》（七卷加別冊，廣瀨順皓主編，二〇〇一）以及《對支回顧錄》（上下卷，對支功勞者

2 一九四五年八月十四日，日本政府在決定接受波茨坦宣言的同時，下令銷毀所有重要機密文件或資料。當時，僅大本營陸軍部、參謀本部、陸軍省等陸軍中樞機關所在地的東京市谷臺上一帶，自八月十四日下午直至十六日晚，因焚燒機密文件或資料，一直是大火沖天，濃煙滾滾。參見原剛《陸海軍文書的焚毀與殘存》（《日本歷史》第五九八號，一九九八年三月，五十六－五十八頁）。

3 近年，大阪大學小林茂先生為主的學者及研究人員對藏於美國議會圖書館的這批所謂「外邦測量圖」做了調查和研究。可參見小林茂著《外邦圖——帝國日本的亞洲地圖》（東京：中央公論新社，二〇一一年）和小林茂、渡邊理繪、山近久美子著《初期外邦測量的展開與日清戰爭》（《史林》第九十三卷第四號，二〇一〇年七月）等。

傳記編纂會編，一九三六）、《東亞先覺志士記傳》（上中下三卷，葛生能久主編，一九三三－三六）等文獻，可資參考，在此不贅。

一八七九年，東京地學協會成立。它比中國地學會的誕生（一九〇九）足足早了三十年。該協會以英國王立地理學協會為藍本，名義上以「普及地理學思想」為宗旨，實際上則是倡導和實施海外（尤其是中國和朝鮮）「探險」及調查，為對外擴張的國家戰略服務。發起人及中心成員有渡邊洪基、長岡護美、榎本武揚、花房義質、鍋島直大、北白川能久、細川護立、桂太郎、北澤正誠、山田顯義、曾根俊虎等，多為皇親貴族、政治家、外交官和軍人。該協會除直接派人赴華調查，收集情報資料之外，還定期舉辦演講會，發行協會報告，一八九三年與東京大學地學會合併後，以該會的《地學雜誌》作為其會刊逐月發行。

翻檢早期的演講報告，則知多為以中國為主的東亞及南洋諸國或地區的探查。其中涉及中國邊疆的，除上述島弘毅《滿洲紀行摘錄》（一八七九年四月）、梶山鼎介《鴨綠江紀行》（一八八三年四月）之外，還有古川宣譽《遼東日誌摘要》（一八七九年五月）、福島安正《多倫諾爾紀行》（一八八一年二月）、《亞細亞大陸單騎遠征記》（一八九三年七月）、山本清堅《從哈克圖到張家口・上海》（一八八二年十二月）、菊池節藏《滿洲紀行》（一八八六年四月）、長岡護美《清韓巡迴見聞談》（一八九五年六月）、鈴木敏等《金州附近關東半島地質土壤調查報告》（一八九五年五月）、神保小虎《遼東半島巡迴探查簡況》（一八九五年十月）、《遼東半島佔領地之地理地質巡檢報告》（一八九六年十月、一八九七年二月）等。這些調查報告實施者大多為陸海軍軍官及政治家。可見，該協會自成立之初，就呈露出與國家對外擴張政策相呼應的特徵。

在華邊疆地區從事偵探調查的，除軍人外，還有一些外交官、記者及大陸浪人等。這方面的文獻主要還有：西德二郎《中亞紀事》（一八八六）、永山武四郎《周遊日記》（一八八七）、小越平陸《白山黑水錄》（一九〇一）、植村雄太郎《滿洲旅行日記》（一九〇三）、中西正樹《大陸旅行回顧》（一九一八）、日野強《伊犁紀行》（一九〇九）、波多野養作《新疆視察覆命書》（一九〇七）、林出賢次郎《清國新疆旅行談》（一九〇八）、竹中清《蒙古橫斷錄》（一九〇九）、深谷松濤、古川狄鳳《滿蒙探險記》（一九一八）、星武雄《東蒙遊記》（一九二〇）、吉田平太郎《蒙古踏破記》（一九二七）、副島次郎《跨越亞洲》（一九三五）、米內山庸夫《雲南四川踏查記》（一九四〇）、《蒙古風土記》（一九三八）、成田安輝《進藏日誌》（一九七〇年公開）、矢島保治郎《入藏日誌》（一九八三年公開）、野元甚藏《入藏記》（一九四二）、木村肥佐生《西藏潛行十年》（一九五八）、西川一三《秘境西域的八年潛行》（一九六七）等。

其中，軍人出身、後轉為外交官的西德二郎（一八四八－一九一二），一八八〇年七月從列寧格勒出發，經塔什干、撒馬爾罕等地，進入新疆伊犁，後經蒙古、中國北部邊疆及上海，於一八八一年四月返回東京，歷時九個月，踏查了對當時日本人來說尚屬秘境的俄屬中亞和中國新疆地區。《中亞紀事》（上下卷、陸軍文庫、一八八六）即此次探險調查所得。書中記述了作者所經之地的山川地理、氣候、民族、人口、沿革、物產、貿易、風俗及動植物等，尤其是對中俄邊境地區的實況等多從軍事角度做了觀察和記述。本書是近代日本人最早涉及新疆踏查的文獻之一，在近代邊疆、尤其是西域探險研究領域具有重要意義。

二、所謂「學術調查」

十九世紀九〇年代中期以前，儘管也有部分日本人赴華從事某些領域的考察，但真正的「學術調查」，主要還是在甲午戰爭之後。這裡需要說明的是，近代日本人的涉華學術考察，幾乎都與日本侵略擴張的國策並行不悖，只是有的明顯，有的隱秘而已。有些完全是打著學術旗號的國策調查，有些則是間接服務於國家戰略的越境活動，甚至那些標榜純宗教目的的探險或學術考察，也都與國家的擴張政策有這樣或那樣的關聯。因此，為避免誤解，這裡的「學術調查」是應該加引號的。

甲午戰爭後，出於侵略擴張與殖民統治的需要，日本加緊了對臺灣及大陸地區的調查與研究，一些機關、學校、宗教團體、學術機構或個人也紛紛行動起來，開展實地考察等活動。當時的東京帝國大學、京都帝國大學、前述的東京地學協會、一八八四年成立的人類學會（後更名為「東京人類學會」）、一八九六成立的考古協會（後改稱「日本考古協會」）以及東西兩本願寺等組織和團體即其中之代表。

一八九五年，受東京人類學會派遣，年僅二十五歲的鳥居龍藏（一八七〇－一九五三）前往遼東半島作考古調查，事後，於東京地學協會作了《遼東半島之高麗遺跡與唐代古物》（一八九六年五月）的演講報告。可以說，這是日本人類學或考古學者赴華調查之嚆矢。翌年後，鳥居又先後四次被派往臺灣，從文化人類學角度，對臺灣島及當地原住民作實地考察。一九〇二年七月，為開展與臺灣的比較研究，鳥居又深入到四川、雲南、貴州等地，對苗族等少數民族聚集地，進行了為期九個月的考察。事後，撰寫了《清國四川省滿子洞》（一九〇三）和《苗族調查報告》（一九〇五）等，[4]後者堪稱近代第一本有關中國苗族地區的田野調查著作，至今仍為學界所重。他此次調查活動本身，對當時及後來的大陸民族研究學者也有很大觸動，某種程度上促進了中國學者對西

4 鳥居龍藏著《苗族調查報告》，後稍經修改，由富山房於一九二六年出版，書名為《人類學上所見之西南中國》。

南邊疆民族的實地調查與研究。[5]

一九〇二年三月，身為東京帝大工科副教授的伊東忠太（一八六七－一九五四），為探究日本建築藝術的發源及其與外國的關聯，對中國及印度等地的建築進行長達兩年多的實地考察。他先到北京，然後經山西、河北、河南，西至陝西、四川，再穿越湖北、湖南，入貴州，最後從雲南出境。歷時一年，縱貫中國大陸南北，考察後撰寫了多種學術報告、旅行見聞等。其中《川陝雲貴之旅》、《西遊六萬里》等著述，有不少是涉及中國邊疆的重要記錄。

一九〇二年十一月至一九〇四年一月，工學博士、京都帝國大學教授山田邦彥（一八七一－一九二五）等奉外務省之命，赴長江上游地區，對四川、雲南、貴州及川藏邊境的地質礦產進行調查。回國後，於《地學雜誌》發表《清國四川・雲南・貴州三省旅行談》（一九〇四）。但其日記等尚未整理發表，山田即不幸病逝。後由東京地學協會徵得其家屬同意，將日記及當時拍攝回來的照片，稍作修正，以遺稿形式，出版了《長

5 受鳥居龍藏苗族調查之刺激或影響，國立中山大學語言歷史研究所於一九二八年夏派專員楊志成前往川滇交界開展民族調查，成為漢族學者深入苗、彝等少數民族調查之嚆矢。其調查成果刊載於該所週刊《雲南民族調查報告》專號（一二九－一三二期）。一九三三年夏，中央研究院特派凌純聲、芮逸夫、勇士衡等研究人員赴湘黔交界處之苗疆，對苗族狀況進行實地考察。其成果見於凌純聲、芮逸夫合著《湘西苗族調查報告》（國立中央研究院史語所甲種第十八，一九四七年）等。

江上游地區調查日誌》（附照片集，一九三六）。日誌中，不僅有所到之地的氣候、地形地勢、水文礦產等的詳細記錄，而且還有大量的測繪地形圖等，再加上一百七十四幅原始圖片，可謂瞭解上述地區地理地貌、礦產資源及風土民情的難得資料。

在言及近代日本涉華邊疆調查時，不能不提到「大谷探險隊」及其它「僧侶」的特異活動。在近代西方殖民主義風潮刺激下，為調查和探明佛教流傳的路徑，同時也是為了呼應日本對外擴張的國策，淨土真宗西本願寺第二十二代當主大谷光瑞（一八七六－一九四八）於一九〇二年至一九一四年間，曾先後三次派遣年輕僧侶，對新疆等地進行探險考察。世間將他們俗稱為「大谷探險隊」。其考察活動除所獲文物外，考察親歷者還留下了大量的紀行、日記等文獻資料。大谷家藏版《新西域記》（上下卷，一九三七）和《西域考古圖譜》（兩冊，一九一五）等，即其中之代表。這類文獻資料具體有：大谷光瑞《帕米爾行記》、橘瑞超《中亞探險》、《新疆探險記》、渡邊哲信《西域旅行日記》、《中亞探險談》、堀賢雄《西域旅行日記》、野村榮三郎《蒙古新疆旅行日記》、吉川小一郎《天山紀行》、《中國紀行》、前田德水《雲南紀行》、《從緬甸到雲南》、本多惠隆《入新疆日記》等。

另外，近代日本開始染指西藏，多次派僧侶等潛入西藏從事調查或偵探活動。如河口慧海（一八六六－一九四五），一八九七年六月從日本出發，經香港、新加坡，抵印度加爾各答。在印度及尼泊爾等地停留準備近三年時間後，於一九〇〇年七月，進入西藏領地，翌年三月成功抵達拉薩，成為第一個進入西藏首府的日本人。他隱瞞國籍和身分，於當地滯留一年多時間，後因身分敗露，於一九〇二年五月底倉皇逃離。兩年後，他又離開日本，於印度、尼泊爾等地滯留近十年後，再度進入西藏地區，並得到達賴喇嘛賜予的百餘函《大藏經》寫本。兩次入藏，河口慧海都留下了詳細的旅行記。第一次入藏記錄《西藏探險記》，是以其口述形式連載於日本報刊的，長達一百五十餘期。後由博文館編輯出版了兩卷本《西藏旅行記》（一九〇四）。該書曾多次再版，使河口慧海的名字連同「神秘西藏」（日本所謂「秘密之國」）一起蜚聲日本。尤其是一九〇九年該書英文版（*Three Years in Tibet*）的問世，更令其大名及西藏之旅享譽世界。第二次入藏記錄《西藏潛入記》和《入藏記》，同樣以報刊連載的形式於一九一五年推出，後輯錄為《第二次西藏旅行記》出版（一九六六）。繼河口慧海成功潛入拉薩之後，接受外務省密令，多年暗地活動的成田安輝（一八六四－一九一五）也在一九〇一年十二月抵達拉薩。因其入藏屬赤裸裸的諜報活動，故記錄其入藏經過的日記，直至他離世五十餘年後才得以公諸於世。[6]

---

6 成田安輝入藏日記，名曰〈進藏日誌〉，刊載於山嶽會會刊《山嶽》第六十五和六十六號（一九七〇－一九七一年）。另外，小川琢治曾於東京地學協會會刊《地學雜誌》發表〈成田安輝氏拉薩府旅行〉（《地學雜誌》第一八

除河口慧海、成田安輝之外，寺本婉雅（一八七二—一九四〇）、能海寬（一八六八—一九〇一）等也是早期涉足西藏的日本人。寺本婉雅先後三次進入西藏，而且還曾奉軍方之命，於北京從事政治活動，並成功地將兩套貴重的《大藏經》運往日本。他第一次入藏是一八九九年，於打箭爐邂逅同為東本願寺派遣的僧侶能海寬，兩人欲由此進入西藏腹地，但因當地官民阻攔，遊歷理塘和巴塘後返回。不過，能海寬仍不死心，接著又企圖由甘肅、青海遠道入藏，但亦未果，再後來決意由雲南入藏，不料卻在中途成了不歸之客。其入藏記錄有《進藏通信》（一九〇〇）、《能海寬遺稿》（一九一七）等。

寺本婉雅第二次入藏是受政府派遣，於一九〇二年十月從北京出發，經張家口、多倫諾爾、包頭、西寧等地，翌年二月抵著名藏傳佛教寺院——塔爾寺，在當地居留兩年後，獨自進入西藏境地，並於一九〇五年五月抵達其嚮往已久的拉薩，後自印度歸國。返回日本不久的一九〇六年四月，他再度接受政府指令，第三次踏上入藏征途。不過，他這次主要是在青海活動。記述以上三次進入西藏或青海活動的是其《蒙藏旅日記》（橫地祥原編，一九七四；本系列中譯書名作《藏蒙旅行記》）。書後還附錄〈五臺山

三卷，一九三—一九四頁），並配有成田安輝本人當時拍攝的許多沿途風光等照片（《地學雜誌》第一八三—一八六卷，第一九一—一九二卷）。

之行〉、〈西藏大藏經總目錄序〉、〈達賴喇嘛呈贈文原稿〉、〈西藏秘地事情〉、〈回憶亞細亞高原巡禮〉等。除西藏、青海部分之外，尚有不少涉及當時北京及沿途各地政治、外交等領域的史料，是研究日本涉藏史乃至中日近代史的重要文獻。

這方面的文獻資料還有：青木文教《西藏遊記》（一九二〇）、《西藏文化新研究》（一九四〇）、多田等觀《西藏》（一九四二）、《西藏滯在記》（一九八四）等。

日俄戰爭結束後，伴隨著日本殖民政策向中國東北及內蒙等地的重點轉移，各種形式的大陸「學術調查」更是有恃無恐地開展起來。滿鐵調查部（一九〇七年設立、下同）、東洋協會學術調查部（一九〇七）、東亞經濟調查局（一九〇八）、滿鮮歷史地理調查部（一九〇八）、東亞同文書院（一九〇〇）等國策機構，以及其它一些調研組織等也應運而生。加上原有的那些學校、機關或團體，一時間，對大陸，尤其是對東北及內蒙等邊疆地區的實地考察或研究成為時尚。

前述的鳥居龍藏的所謂「滿蒙探察」即其中之代表。截至中日戰爭爆發，他曾先後十餘次到上述地區從事調查。具體地講，東北九次，內蒙古四次。除一九〇六年前後隨夫人赴內蒙喀喇沁王府任職時的調查之外，幾乎每次都是受組織派遣而為，有些調查是在軍方協助下實現的。鳥居當時率先採用從西方導入的所謂近代科學方法，精心測量，詳細記錄，每次調查均有一定收穫或新發現。如：一九〇五年於普蘭店發掘到石器時代遺跡，於遼陽發現漢代磚墓。一九〇九年調查東北地區漢代墳墓之分佈。一九二八年，於吉林敦化發現遼代畫像石墓。多次於內蒙古地區考察遼上京、中京遺址及遼代陵墓，發現一些包括石像在內的遺物等。對遼代文化遺跡、遺物等的發掘和發現，是他這些調查中的最大收穫。後來結集出版的《遼之文化圖譜》四大冊，[7]雖然只是調查成果的一部分，但足見其研究價值。關於鳥居於大陸的調查足跡，可從以下旅行紀錄中得到探明。《蒙古旅行》（一九一一）、《人類學上所見之西南中國》（一九二六）、《滿蒙探查》（一九二八）、《滿蒙再訪》（與夫人合著、一九三二）、《從西伯利亞到滿蒙》（與妻女合著，一九二九）等。

不可否認，鳥居的這些實地調查及成果，在中國遲於日本而導入的某些西方近代學科或領域，有的是先行了一步。今天我們在梳理或講述這些學科史時，也不得不提到他的先行調查和研究。另外，鳥居從調查臺灣時起，就攜帶著當時尚極為難得的照相機，拍攝並留下了眾多珍貴圖片。這些圖像資料在時隔近百年的今天看來，尤為寶貴。[8]鳥居去世後，後人編輯出版的《鳥居龍藏全集》（十二卷加別卷，朝日出版社，一九七

7 鳥居龍藏著《遼之文化圖譜》，又做《考古學上所見遼之文化圖譜》（一至四冊，東京：東方文化學院東京研究所，一九三六年）。

8 就筆者井蛙之見，鳥居龍藏拍攝的大量有關中國的圖片，除臺灣曾出版過一本影像集之外，大陸罕有複製或利用。

五一一九七七），至今仍為學界推崇。在諸多著名學者著作或全集日趨低廉的當今日本古舊書市場，唯獨鳥居的著述和全集售價堅挺，甚至有日益高漲之感。這也從一個側面體現出其著述的學術價值。另外，鳥居龍藏的夫人——鳥居君子（一八八一—一九五九）曾接替河源操子（著《蒙古土產》；本系列中譯書名作《內蒙風物——喀喇沁王府的日本女教習》），於一九〇六年三月赴內蒙古喀喇沁王府毓正女學堂任教。她利用此機會和後來的旅行，對蒙古族歷史文化、社會風習、宗教信仰等，詳加考察，後撰寫《民俗學上所見之蒙古》（一九二七）一書。內容包括蒙古族的語言、地理人情、風俗習慣、遺跡文物、牧畜、宗教、美術、俚語、童謠等，是瞭解當時蒙古地區社會生活及文化狀況的難得文獻。書中還附有當時拍攝的照片或素描插圖兩百餘幅。

東京地學協會自一九一〇年起，又獨自開展了大規模的對華地理調查，耗費鉅資，歷時六年。先後派遣石井八萬次郎、野田勢次郎、飯塚升、小林儀一郎、山根新次、福地信世等地理學者，對中國長江流域及南方諸省區進行廣泛調查。調查的邊疆省份，包括兩廣地區。事後，編纂出版了三卷本《中國地學調查報告書》（一九一七—一九二〇）和《化石圖譜》（一九二〇）。[9]該報告書中既有調查者的「地學巡見記」，又有

9 《中國地學調查報告書》（三卷）和《化石圖譜》，出版於一九一七年至一九二〇年，但其調查時間則為一九一一年至一九一六年。地學調查及撰稿者為石井八萬次郎、杉本五十鈴、野田勢次郎、飯塚升、小林儀一郎、山根新

調查區域的地質、地理、水文、古生物等記錄，內容十分翔實，而且配有很多手繪地圖和實地圖片。

至於前面提到的滿鐵調查部、東洋協會學術調查部、東亞同文書院等國策機構涉及中國邊疆的調查及其資料，更是多不勝數，限於篇幅，在此不予詳述。僅舉滿鐵調查部組織實施的眾多調查中之一項為例。一九二二年五、六月間，受滿鐵調查部之委託，考古學者八木奘三郎（一八六六－一九四二）對瀋陽以南大連鐵道沿線地區進行實地探察，後參考其他文獻，編寫出版了《滿洲舊跡志》（一九二四）。該書對東北地區各時代之遺物、遺跡，尤其是寺廟道觀及其建築等，均做了具體記述和考察，與村田治郎後來編寫的《滿洲之史跡》（一九四四）一起，成為瞭解東北文物史跡的代表作，同時，也為我們研究日本殖民統治時代的實地考古調查提供了一份實證材料。

進入一九二〇年代後期，又有東亞考古學會（一九二七）、東方文化學院（一九二九）、上海自然科學研究所（一九三一）等涉華學術機構或團體誕生，日本對中國邊疆，特別是所謂滿蒙地區的「學術調查」及研究，也進入一個新的階段。其中，考古調查尤為突出。在此領域扮演主要角色的即以東（東京）西（京都）兩所帝國大學考古學

次、福地信世。化石調查及撰稿者為矢部長克和早阪一郎。

者為首的東亞考古學會。該學會憑藉日本軍政界的後援和充足的資金，又打著與中國考古學界合作的旗號，無視中國主權，對東北及內蒙古等地的古代遺跡，先後多次進行大規模的發掘調查。如：一九二七年濱田耕作、原田淑人等對旅大貔子窩遺址的發掘，一九二八年牧羊城遺址的發掘，一九二九年老鐵山麓南山裡漢代磚墓的發掘，一九三三年旅順鳩灣羊頭窪遺跡的發掘，一九三三和一九三四年兩度對渤海國上京龍泉府（東京城）遺址的發掘，一九三五年赤峰紅山後遺跡的發掘等。發掘後的調查報告由該學會以「東亞考古學叢刊」的形式出版，其中甲種六巨冊、乙種八冊。前者依次為：《貔子窩》（書名副題省略，以下同，一九二九）、《牧羊城》（一九三一）、《南山裡》（一九三三）、《營城子》（一九三四）、《東京城》（一九三九）、《赤峰紅山後》（一九三八）；後者涉及邊疆者有：《內蒙古・長城地帶》（乙種一，一九三五）、《上都》（乙種二，一九四一）、《羊頭窪》（乙種三、一九四三）、《蒙古高原〈前篇〉》（乙種四、一九四三）、《萬安北沙城》（乙種五、一九四六）。另外，該學會還編輯出版了《蒙古高原橫斷記》（一九三七）等調查日誌和研究論集《考古學論叢》（一九二八－一九三〇）等。上述大量調查報告在日本被譽為「奠定了東亞考古學基礎」的重要文獻。

東方文化學院更是由日本官方主導的對華調查研究機構，屬所謂「對華文化事業」

之一部分，分別於東京和京都設有研究所。其評議員、研究員等主要成員，幾乎囊括了當時全日本中國學研究領域的權威或骨幹。如：池內宏、市村瓚次郎、伊東忠太、關野貞、白鳥庫吉、宇野哲人、小柳司氣太、常盤大定、鳥居龍藏、瀧精一、服部宇之吉、原田淑人、羽田亨、濱田耕作、小川琢治、梅原末治、矢野仁一、狩野直喜、內藤湖南、桑原騭藏、塚本善隆、江上波夫、竹島卓一、水野清一、長廣敏雄、日比野丈夫等等。若列舉受該組織派遣或委託赴華從事調查研究的人員，僅其名單就需要數頁才能完成。他們的在華調查及成果為數眾多，內容也涉及到方方面面，其中與邊疆有關的調查文獻資料主要有：伊東忠太《中國建築裝飾》（五卷，一九四一－一九四四）、常盤大定・關野貞《中國文化史跡》（十二卷，一九三九－一九四一）、[10]關野貞《中國的建築與藝術》（一九三八）、關野貞・竹島卓一《遼金時代之建築及其佛像》（上下卷，一九三四－一九三五）、原田淑人《滿蒙文化》（一九三五）、竹島卓一、島田正郎《中國文化史跡增補〈東北篇〉》（一九七六）、佐伯好郎《景教之研究》（一九三五）、《中國基督教研究》（三卷，一九四三－一九四四）、駒井和愛《滿蒙旅行談》（一九三七）、池內宏、梅原末治《通溝》（上下卷，一九三八－一九四〇）等。

---

10 常盤大定・關野貞合著《中國文化史跡》（十二卷）、關野貞著《中國的建築與藝術》等，已列入筆者另行策劃並主編的《近代以來海外涉華藝文圖志》譯叢系列，已由中國畫報出版社刊出。

中日戰爭爆發後，為實現徹底征服中國，進而侵佔整個亞洲及太平洋地區的野心，日本以舉國之人力、物力和財力，投入到侵華戰爭中去。此時，學界及研究界更是身先士卒，主動配合國策，積極參與對華各種調查與研究。先後設立的東亞研究所、太平洋協會、回教圈研究所（以上為一九三八年設立）、民族研究所（一九四三）、西北研究所（一九四四）等國策學術機構，均為涉及中國邊疆調查的核心團體。如：東亞研究所就曾開展過許多涉華邊疆調查與研究，其成果大多成為日本制訂國策時的基礎資料。筆者手頭有一本蓋著「秘」字朱印的《東亞研究所資料摘要》，編刊於一九四二年，是該研究所登錄資料之目錄或簡介。包括「甲、調查委員會報告書」、「乙、本所員調查報告書」、「丙、中間報告、翻譯乃至部分性成果資料等」、「丁、委託調查報告書」、「外乙、本所講演速記」等，區域涵蓋中國內陸及邊疆省區，另有「南洋、近東、蘇聯、外蒙」等。內容涉及政治、經濟、社會、文化、資源、外國對華投資、黃土調查、滿蒙關係、海南島關係等。其中有很多關於滿蒙及西北回教地區的調查資料。又如：民族研究所從一九四三年成立，至一九四五年戰敗，短短兩三年時間，不僅從事過大量服務於國策的文獻研究，而且還奉政府及軍方之命，對從東北到西南的中國邊疆省區進行了多項調查，其中一九四四年曾組派兩個調查團，奔赴內蒙和新疆等地進行民族宗教文化探查。

以上只是對日本近代涉華「學術調查」，做一簡單而又部分性的回顧和介紹。這類調查涉及面廣，文獻資料浩瀚龐雜，限於篇幅，這裡不可能全面涉及。但從中也可以看出，以甲午和日俄兩大戰爭為契機，為響應或配合對外擴張的國家戰略，日本人的對華「學術調查」逐步開展起來，並日益活躍。二十世紀二〇年代後期，隨日本政府所謂「對華文化事業」的實施和刺激，東亞考古學會、東方文化學院等國策學術機構先後成立並迅速行動起來，尤其是當偽滿洲國建立後，在所謂「滿蒙地區」開展了一系列大規模的發掘調查。侵華戰爭開始後，日本學者更是主動配合國策，奔赴大陸及邊疆從事調查研究等活動，以實際行動實踐所謂「學術報國」。因此，可以說，近代日本人的對華「學術調查」或研究從初始階段即有扭曲的一面，儘管在方法上有其科學的成分，在成果方面也有值得肯定或可取的地方，但是總體上卻難以否定其充當殖民主義生產工具之本質。

二戰後，日本的中國研究學界對其戰前的所作所為，雖有部分反思或批判的聲音，但整體上並沒有做深刻反省和徹底清算，甚至至今仍有全盤肯定或肆意謳歌者。對在這樣一種歷史背景下發展起來的日本戰後中國學研究，我想，在不少方面需要有批判性眼光和謹慎判別、正確對待之態度。對戰前的「學術調查」及其文獻資料這一正負兼有的遺產，更應有這種眼光和態度。

＊本文初稿撰於二〇一一年春，原題〈近代日本人涉華邊疆調查及其文獻〉，現稍作修改。

導讀

國立政治大學民族學系副教授 藍美華

本書作者一宮操子（一八七五－一九四五）原名河原操子，長野縣人，出身藩士家庭，幼承父教，以忠君報國為懷，亦深受其父日中友好、教育為國家百年之計觀念影響。早年畢業於東京師範學校，後就讀東京女子高等師範學校，即有日後從事中國婦女教育之願。未及畢業就因病輟學，之後曾執教於長野高等女子學校、橫濱大同學校。一九〇二年應聘前往上海務本女學堂執教，一九〇三年秋受日本駐華公使內田康哉及武官青木宣純之命，前往內蒙古喀喇沁貢桑諾爾布王府充當教師，暗中蒐集情報。一九〇六年回國，與日本橫濱正金銀行紐約分行副經理一宮鈴太郎結婚後赴美。

她的事跡長期默默無聞，一九四二年滿洲國建國十周年之際，突然被大力宣傳為日滿兩國間之友好大使，日本政府也授予她六等寶冠章。儘管河原自稱因病婉謝作為大慶的貴賓，但自此她成了日俄戰爭中著名的女間諜；然在本書中她對其情報工作部分內容並未揭露，也不認為自己是特工，僅是基於愛國，將對日本不利的情況與探聽到的訊息加以通報而已。

河原操子在上海與內蒙古喀喇沁生活、教學的經歷及其成就可從本書清楚理解，無需在此贅述。筆者想談談當時內蒙古的狀況，尤其是貢桑諾爾布的現代化建設，或許對讀者了解本書有所助益。

日本在明治維新之後，成了亞洲最先進的國家，其軍方試圖擴張勢力到朝鮮半島和中國東北。與此同時，沙俄也有其南下政策，雙方各憑實力，展開競逐。歷經一八九四年至一八九五年中日甲午戰爭、俄德法三國干涉還遼、一八九六年中俄密約、一九〇〇年義和團事變、八國聯軍，俄國藉機在中國東北獲取重大利益，也派軍駐守當地。後來日俄兩國為了朝鮮半島的利益發生衝突，一九〇三年雙方談判破裂，一九〇四年（光緒二十九年，明治三十七年）二月，日本海軍偷襲停泊在旅順的俄羅斯艦隊，又在仁川港外擊退兩艘俄羅斯巡洋艦，使其自沉，爆發了日俄戰爭。一九〇五年日本戰勝，九月兩國簽訂《樸茨茅斯條約》，日本獲得了包括南滿鐵路的經營權和遼東半島租借權在內的俄國在中國東北的大部份侵略權益。河原操子前往喀喇沁教學並協助日本軍方蒐集情報，就是在這樣的背景條件下展開的。

當時日本正圍繞中國東北與俄國展開競爭，所以很重視與東北鄰接的內蒙古東部地區，企圖與當地蒙古王公拉攏關係，其中最重要的人物就是貢桑諾爾布（一八七二－一九三一）。貢王性情恬靜，平易近人，通曉蒙、滿、漢、藏各種文字，好詩文、工書法，並擅長繪畫，詩詞歌賦無不精通。他於一八九八年接任卓索圖盟喀喇沁右旗世襲札薩克時，正是清王朝覆滅前夕，社會動盪，風雨飄搖。為謀求民族的振興和政治、經濟、文化的發展，他先後創辦了崇正學堂、毓正女學堂、守正武學堂，為喀喇沁右旗培養了大批先進人才，開創了漠南蒙古教育之先河。他也順應潮流發展，大力推行旗政新措施，引入報紙、郵電所等新生事物，是蒙古民族現代史上重要的開拓者。從河原操子在本書的描述中，王爺貢桑諾爾布平易近人、氣質優雅、開明進步、聰明冷靜、剛直正義；福晉則是豁達聰穎、開朗活潑、崇尚進步文明，與王爺感情和諧，對改革又有共識，是王爺生活與事業上的最佳良伴。

在日俄戰爭爆發前，貢桑諾爾布對日俄態度平等，既送三名優秀士兵混入日本在北京東郊民巷的駐屯軍兵營學習，也由崇正學堂選拔成績優秀的學生四名，送入北京東總布胡同東省鐵路俄文學堂，專攻俄文、俄語。但是在此後不久，日本官方對貢桑諾爾布的拉攏似乎佔了優勢。一九〇三年（明治三十六年）春，貢桑諾爾布等數名年輕蒙古王公受邀訪日，參觀了在大阪舉行的第五次國內勸業博覽會。這也是貢桑諾爾布生平首次海外旅行。在博覽會上展出的象徵日本先進技術的眾多展覽，使貢桑諾爾布印象深刻。

訪日期間，貢桑諾爾布會見了實踐女學校的下田歌子校長，引發了他對女子教育的重視。另外，他在回國途中還會見了日本陸軍少將福島安正，使他再次認識到保持軍備的必要性。回旗後，他便立即著手創辦守正武學堂和毓正女學堂。

清帝國瓦解、民國建立後，邊疆地區出現嚴重危機。這時，內蒙不少王公力圖維護自身利益，又對曾主張「驅除韃虜」的孫中山等人不信任，貢桑諾爾布等人一度組織「蒙古王公聯合會」，拒絕共和，甚至謀求獨立。隨後，民國政府強調「五族共和」，制定了優待蒙古王公的條例，他和許多內蒙王公才轉而支持共和。一九一二年九月，他被任命為蒙藏事務局總裁，十月，又被晉封為親王，一九一四年五月，蒙藏事務局改組成蒙藏院後他仍然擔任總裁，直到一九二八年。其間雖曾短暫離任，仍是民國以來主管中央邊疆民族事務機構時間最長的首長。

本書最後附有保田與重郎所寫〈河原操子〉長文，對本書進行了細緻的分析，也對河原有所評價。他不同意別人將河原操子描述為新女性、成功典範的女丈夫，反而覺得她代表了日本女性天生的美德，賢淑而善良，聽從自己內心自然地哭泣、傷悲，並且懷著崇高的心情去行動；河原就是憑藉著善良與愛心，極其自然地完成了最偉大、最勇敢的事業。究竟河原操子是雄懷大志、令男子讚嘆不已、但卻無法發揮女性特質的女丈夫，還是日本女性天生美德的代表，就留待讀者自行判斷了。

目次

主編序／張明杰 011
導讀／藍美華 031

內蒙風物——喀喇王府的日本女教習
日文再版補記／信濃田翁 042
日文再版前言／一宮操子 044
日文初版序／下田歌子 047
日文初版序／篠田利英 049
日文初版前言／一宮操子 052

序編
前往內蒙時的情景回顧 056
一、命運之手 056
二、喀喇沁王府的優待 059
三、表面的工作，暗中的工作 063
四、伊藤、吉原兩位烈士 067
五、特別任務班第一班 069

正編

第一章　我與清朝的女子教育　076
一、下田先生簡介　076
二、橫濱大同學校　078
三、初次渡海出國　080
第二章　上海務本女學堂　085
一、清朝最早的女學堂　085
二、學生類別　086
三、學生的增加　087
四、規律與時間　088
五、學生與學生　089
六、我與學生　090
七、宿舍　091
八、最早的日本女教習　094
第三章　南中國一瞥　096
一、東洋首屈一指的上海港　096

二、城外的文明設施與城內的骯髒醜陋 097
三、持有四張通行證的車夫 100
四、清朝人與商業 101
五、清朝習俗二三 102
六、服裝 104
七、食物 105
八、高等師範校長嘉納先生來訪 107
九、秋之日記摘抄 108
十、學習日語的外國人 109
十一、上海日本婦女會 111

第四章　南京之行 113
一、前往內蒙的曙光 113
二、南京紀行 114
三、南京 116

第五章　北京之行 122
一、船中 122

二、從塘沽到北京 127
三、北京 129
四、中國馬車 131
五、萬壽山離宮 132

第六章　喀喇沁之行 134
一、喀喇沁在何方 134
二、奇異的夢 136
三、九日乘轎之旅 139
四、書信 151

第七章　喀喇沁雜記 155
一、喀喇沁右旗的地理環境 155
二、宗教、教育、歷史 158
三、我亦驚詫的藥效 161
四、王爺、福晉及其日常生活 162
五、王府一年中的儀式活動 165

第八章　毓正女學堂 169
一、促使學堂及早開課 169
二、開學典禮 170
三、校規 176
四、不理解導致的笑話 183
五、學堂情況 185
六、園遊會圓滿成功 188
七　授課時間表與學生答案 194

第九章　雪中梅 207
一、我與敢死隊的來往 207
二、與脅光三的奇遇 212
三、大膽的祕密通信 217
四、陪伴王爺、福晉進京 221

第十章　歸國日記 225
一、戰爭的終結 225
二、帶留學少女回國 227

餘錄

一、給我慰藉的花草 235
二、喀喇沁王爺手箚 237
三、福晉的書信 238
四、下田歌子先生的書信 239
五、高洲先生致家尊的書信 240
六、伊藤少佐的遺書 242
七、長谷部的書信 243
八、淺岡一先生的書信 244
九、淺岡和歌的書信 245
十、婦女報社福島社長書信 246
十一、學生來信 249
十二、福島大將的書信 254
十三、串山忠喜的書信 255
十四、長谷部嚴的書信 256
十五、三十五年後的喀喇沁 258

日文再版代跋／福島四郎 262
河原操子／保田與重郎 264

內蒙風物——喀喇沁王府的日本女教習

*本書日文初版於一九〇九年，書名《蒙古土產》；一九四四年再版，書名《新版蒙古土產》；後於一九六九年另更名為《カラチン王妃と私——モンゴル民族の心に生きた女性教師》重新出版。本書中譯版定名為《內蒙風物——喀喇沁王府的日本女教習》，唯內文係譯自一九四四年的版本，故書中收錄之日文版序跋，提及本書時，仍沿用《蒙古土產》此一原書名。

*以下所有註腳均為中譯者所加。

日文再版補記

回想起受作者之託為舊版《蒙古土產》作序的明治時代，感慨世局之變恍然夢幻一場。

現今我國處於大東亞共榮圈的核心，賭上國運與敵人英美等國決一勝負。一億國民無一例外，各司其職，各盡其力，為國服務。余年近八十，腦袋日益昏噩，所幸健康依舊，唯獨拔了一顆牙，另一顆有所缺損，鹹煎餅、豆子均能嚼得動，現擔任鄰組長[1]和青年學校後援會理事長，除此之外擔任二、三處的負責人，一心一意為國效力。作者四十年前活躍於北方蒙古，希望閱讀此書的年輕女性們將此般活力與愛國熱情繼續在國內或南方發揚光大，向世界昭示日本女性的強大。

[1] 鄰組是二戰期間日本軍國主義為了控制日本人民而成立的一種地區基層組織，以十戶左右為一組，戰後廢止。

再刊之際囑我發表感想一二，記於此。

八十七歲 信濃田翁
昭和十八年九月三日

日文再版前言

本書的正編，為拙著《蒙古土產》的再版，是由實業之日本社於明治四十二年出版發行的。序編是我現在，即昭和十八年的今天回顧在內蒙時的生活，重新執筆寫就。

舊版《蒙古土產》，從我開始從事清朝女子教育的經過寫起，直到前往內蒙喀喇沁王府擔任教育顧問。披露了一個事實，即在王府，我表面從事女學堂的教育工作，而暗中遵照軍方的密令，徵得王爺、福晉准許，在執行日俄戰爭中的某項任務。

在舊版中，涉及到祕密事項時我採用符號代替文字，如今我認為公開亦無妨，只要確屬事實，全部敘述清楚，同時也刪除了大量我認為沒有必要的部分。

舊版中有些部分是漢文直譯體的文章，有些部分又是舊體日文，而新版的序編卻採用現代口語和文章體。就一本書而言，風格難免缺乏統一，然而我覺得，舊版中那些古色生香的文章反倒能夠更好地展現明治時代的氣氛，故有意未加修改。

雖然文體沒有修改，但是，對於書中的小標題及文章中的詞句，我卻進行了很大程度的修訂，有些章節還全部刪除，也有全部重寫增補的章節。因此，新版面目煥然一新，與舊版完全不同。

舊版不是從最初開始，按照時間順序書寫的，所以同一件事情，重複敘述的不在少數。然而，倘若對這些悉數加以修改，也就完全失去了再版的意義，故予以保留。

餘錄中的大部分篇幅是在內蒙生活期間，有關我表面與暗中工作的往來書信。近年來，當時的相關人士寄給我的回憶的信件，有些我也予以公開發表。

新版發行之際，承蒙本莊繁陸軍大將[1]與滿洲國[2]駐日大使王允卿贈予題詞，深感榮幸。保田與重郎及東京堂編輯部部長增山新一同意將東京堂版《日本橋》中的一篇收入本書附錄，承蒙諸位厚意，謹此致謝。

本書正編中的一些文章，尤其是〈雪中梅〉的部分內容，曾於明治時代刊登於《週刊婦女報》，深獲好評。由於這一緣故，在此次新版的寫作過程當中，我得到了原婦女

1　日本陸軍階級之一，位於陸軍中將之上，是日本將官的最高軍銜。

2　中譯或作偽滿洲國。以下恕不一一標注。

報社社長福島四郎先生的極大幫助，特此深表謝意。

昭和十八年秋　於東京都阿佐谷玉樹庵

一宮操子

日文初版序

一宮操子出身信濃[1]，本姓河原，素懷從事清朝女子教育之夙願。曾來余處閒談，適逢橫濱之大同學校新設女子部，囑我物色女教師。我遂推薦了河原，她亦欣赴其任。未幾，又赴上海務本女學堂執掌教鞭歲餘，邇來於此之道孜孜矻矻，其成績頗受稱道。由是，時任上海總領事的小田切氏得以聞知，最終河原接受了內蒙古喀喇沁王府的聘請。

河原一入王府，福晉便執師禮以待，甚為優遇，河原亦感其知遇之恩，夙昔兢兢其業，殫精竭慮以教，所幸乃有小成。時恰逢日俄戰爭開始之際，她暗中為國效力，由此，恢復和平之後，獲賜天皇六等勳章——寶冠章[2]之殊榮。

1 今長野縣。

2 一八八八年一月四日制定，日本勳章的一種，針對女性授予。二〇〇三年十一月三日更正，現在限定只有在針對皇族女子及外國女性授勳的特殊場合才能使用。

此前，河原卻不過老父之懇求，不得已而勉強推辭王府之邀，嫁與一宮氏，之後伴隨夫君一同赴美。不幸舊疾復發，且聞老父重病臥床，遂返鄉侍奉。最終父親辭世，而後河原才得以治療自身之疾病。

利用病中在溫泉療養之時，她回顧往昔，將來到東京後直至在中國期間的日記加以整理，撰寫成書，終於即將付梓，又來請我寫明前後緣由，是以為序。

翻閱之，儘管因戰時之事大半涉及國家機密，不得不盡皆刪除，故而讀來難免會有除卻骨肉而空餘皮囊之感。然而，試想河原不但以巾幗青年之身，遠赴內蒙荒涼之地，並且恰逢欲求而難求之機遇，亦得以參與欲為而不能為之國事一部分，遂有幸躋身戰後論功行賞人員之列。此一番經歷理應成為日後的回憶，幸而當年文字記錄未遭蠹蟲損毀。縱使僅將其一小部分公諸於世，亦足以令人欣慰。僅此一言，記於卷首。

下田歌子

明治四十二年晚春　於青山寓所

日文初版序

如欲確保東洋和平，增進相互福利，中日兩國須合作共謀此事，這是有識之士和政治家早就宣導的，並已達成共識。在近世文明發展過程中，日本領先於中國，故而當由我國擔當開發、引領中國之重任，這是我國義不容辭之天職。中方在深析甲午中日、日俄兩大戰役以及義和團運動之時，亦會意識到捨此之外別無他途吧。

然而我國又該如何履行這一天職呢？應當締結政治契約以加強邦交，促進通商貿易以互通有無，總之需要加強彼此間的往來。然而教導中國國民，使其理解現代文明，認清世界大勢，是為最必要且最根本之手段。毋庸置疑對他日將成為家庭主宰的女子開展教育是最為行之有效的。為何呢，因為家庭乃是社會、國家的基礎與源流。

作者一宮夫人，可謂先覺者，決心捨棄故鄉的安逸生活，致力於中國的女子教育。她首先在橫濱的大同學校執教，積累經驗後前往上海，排除萬難，經營務本女學堂。在職一年有餘，制定了教授、訓練的基本，為後繼者奠定了基礎，並且答應了內蒙古喀喇沁王府的聘請，擔任創設毓正女學堂的重任，取得了良好成效，不僅令王府滿意，且獲得學生及家屬的愛戴與信賴。

原本鮮有日本人踏入內蒙之地，對之亦瞭解甚少。提到內蒙，便會想到令人恐懼的牛鬼神蛇、惡人橫行之所。在這樣的時代，作者以一介女流獨自踏入該片僻壤，光是其勇氣便足堪嘉獎。何況其不僅作為教育家啟蒙內蒙，更是履行了國家大任。作者胸前閃耀的寶冠章便是有力的明證。

世間有女丈夫。她們往往胸懷大志、像男子般令人驚歎不止，但令人遺憾的是，她們卻缺乏常識，無法充分地發揮女性的特質與稟賦。似作者這般有一番事業，也足可稱女丈夫，但她溫婉貞淑、富有常識，故而我深信在家庭之中也定會有效發揮其稟賦，收穫家庭之幸福。

作者將其在中國事業的一個側面及中國所見之風俗、人情、土地、物產等，編輯成冊，公之於世。由是觀之，該書將成為欲從事清朝教育者的指南，為研究清朝的學者提供資料，並且作者的英勇行為也足以使懦夫奮起，使懶婦覺醒。

吾與作者同為老鄉，距其家亦不過數十戶人家，年齡也相差不遠，因為性別不同，作者就讀於女子師範學校，吾為其師及擔保人，始得相知。但是，吾只知其外貌而不瞭解其精神內在。不管怎麼說，吾當時缺乏洞見，未能預見作者竟能成就如此遠大的未來。正因當年的濁眼不識英才，今日反而會倍感驚喜。

作者囑吾作序，吾不顧才疏學淺，記錄所感以塞其責。

篠田利英

明治四十二年七月一日

日文初版前言

黃沙瀰漫之中，面對著內蒙古上空那一輪朦朧的月亮，我心潮湧動，遙念幾千里外的故國，愁緒萬千。當時的感受，至今難以忘懷，並將永遠留藏在我的心間。往日的回憶時時浮現，每每於此際，我都會忙裡偷閒，加以記錄整理，最終形成此書。

原本無意就中取利，更絲毫不欲以此示人而博取浮名，惟隨心走筆而已。只顧埋首去寫，留下一些印跡，待寫完之後重新再讀，才覺難以為文，語言的修辭潤飾亦很欠缺。而今，愈加惶愧的是，面對他人的勸說，難以推託，終至付梓，是我太不自量。

令人赧顏的是，大隈伯爵為此書題寫了書名，福島中將撰寫了跋文，下田、篠田兩位先生作序，還承蒙其他諸位厚愛，好比荒寂的原野上，一片茅草叢中，卻綻放著梅花、櫻花。雖心中慚愧，亦無限欣悅。無言以謝，伏惟歡喜涕泣。

關於中國的國情，關於內蒙的情形，還有諸多值得記敘，則我怕產生不良影響而心存顧慮，再則唯恐自己這支拙筆太過冗贅，遂就此止筆。如有機會，再予以補充，若讀者諸君有所期待，我將不勝喜悅。

一宮操子

於品川故里

明治四十年五月三十日

序編

前往內蒙時的情景回顧

一、命運之手

我於明治三十六年十二月進入內蒙古喀喇沁，今年是昭和十八年，距今已整整四十年了。如今喀喇沁屬於滿洲國熱河省的一部分，從北京到省會熱河也通了火車，從熱河再往東北方向不過二百六十清里[1]便是喀喇沁了。而當時我去的時候，卻必須從北京一路乘轎子顛簸將近六百九十清里，這段行程在本書本篇中的旅途日記（九日乘轎之旅）中有所記載。如果這樣的旅行是跟隨父親或者丈夫倒也罷了，卻不該是一個年輕女子，在士兵的護送之下孤身前往。況且，當時我表面上是以喀喇沁王府教育顧問的名義，前去創辦一所女子學校，暗地裡卻肩負著軍事上的祕密使命，說不定哪一天便會危及身家

1 合約一百五十公里，一清里為零點五七六公里。以下清里單位，恕不一一標注。

性命。

我原本性格內向，甚至不喜張揚。如此的氣質秉性，居然在那樣的時代進入內蒙，又做出那樣大膽的事情，甚至連我自己都覺得不可思議。然而這項工作既非我自己主動選擇，也無人逼迫我不得推辭。也就是說，我是被命運之手牽引著，不知不覺地來到了內蒙古，做了一件對國家很重要，卻與自己不相稱的工作，這樣說比較恰當吧。

說到命運，我身為父親河原忠的獨生女，業已同日後在中國所從事的女子教育工作有了不解之緣。父親是信州松本藩[2]武士出身，自祖父曾一右衛門以來世代為藩儒[3]，因此父親在藩裡教導弟子，而大伯父忠美在會田町開了一家私塾，那裡至今還保存著弟子們為他樹立的頌德碑。父親與陸軍大將福島安正男爵是總角之交，福島大將因橫貫西伯利亞的旅行而知名，又因為中國問題而早已引人注目。可能由於父親與福島大將交好，加之他自詡為專攻孔孟學說的正宗門派，因而雖身居信州深山之內，卻總是談論著日中親善的必要性。父親常說，若日本與中國不能攜起手來，就沒有東洋的和平。而且

2 藩是江戶時代的一個制度用語。當時擁有一萬石以上的大名，均稱作藩主。藩這個字是由中國古代的漢語而來，日本江戶時代的儒學者引用中國的制度為標準制定了這一體制，全國共有二百七十六藩，直至一八七一年明治維新廢藩置縣而取消。

3 藩儒是日本舊時為藩主服務的儒學家。

他還時常將以下這番話掛在嘴邊：「國家百年之計在於教育，國家富強之根本亦在於教育。」這番見解恐怕緣於父親祖上世代均信奉孔孟之道。

我覺得自己進入女子高等師範學校讀書，也是基於父親的這一想法，即教育乃是國家的頭等大事。我踏上這條重要而神聖之路是值得慶幸的，這一理念自初中時代起便不知不覺地深入我心。並且，進入女高師之後，我便產生了一個願望，希望日後能夠從事中國婦女教育的工作。

前往內蒙並非出自我本人的意願，可能因為之前我在上海從事中國女子教育的緣故，而我當初去上海，也是受到父親關於日中親善的觀點以及尊重教育的理論引導的結果。儘管期間我也得到過下田歌子先生、駐華公使內田先生以及其他諸多人士的關懷與關照，然而，我覺得歸根結底還應該說是父親的影響。所以，當我把要去內蒙的消息告訴父親時，父親欣喜異常，在信中激勵我：「日蒙親善乃是日中親善之一部分，然則從事日中親善之人甚眾，而從事日蒙親善之人卻少有耳聞。今汝被指派此一職務，值得慶幸，亦是榮幸之事。望吾兒不計個人利害，克己奉公。」信中還附言：「古有烈女花木蘭，著男裝奔赴戰場。如今爾亦身負重任，為國赴蒙，縱千難萬險，在所不辭。然萬一遭逢不測，汝當以此短劍自刎，切勿辱沒日本女子之名節。」父親贈送給我一柄短劍，我領會父親此一訓誡，在蒙期間，將短劍隨身佩帶，不離須臾。

由此可見，雖說是命運，其實也是父親所奉行的主義以及他的思想造就了我這個女子。所以無論是第一次聆聽內田公使下達給我的任務，還是傾聽青木大佐講解注意事項時，我都不曾畏縮，而是慨然面對這一為國盡力的千載難逢的機遇。

我之所以如此深受父親的影響，乃至一生的命運也為其左右，是因為對父親一向敬愛有加。母親早逝（在我十四歲時），其後我與父親二人相依為命，因父親不忍心將我這個獨生女交給繼母照顧，故四十歲以後再未續娶，而是獨守終身。我曾懵懂地想過，我對父親最大的孝心，就是將來所從事的工作能夠實現他的夙願。漸漸地，面向中國的道路向我展開了，直至我進入內蒙。

二、喀喇沁王府的優待

在喀喇沁王府，我深蒙破格之優遇。如同我在正編〈陪伴王爺、福晉進京〉一節中敘述過的那樣，陪伴王爺、福晉前往北京參見時，在途中的旅館，我被准許和福晉同室共榻就寢；歸國之際，王爺、福晉又親自到北京火車站為我送行，給予我王府前所未有之殊榮，等等，令我五中銘感。我認為這並非緣於我個人的作為而蒙受如此信任，乃是基於王爺、福晉對於日本的信賴，以及內田公使舉薦我時，將我描述為非常出色的女子。對此，有一事可茲證明，當我初次拜見王爺、福晉時，他們二位曾親自到大門口迎接。因為這個情節我在正編中未有敘述，特此補記如下。

結束了從北京出發的九日騾馱轎[4]之旅，我們於午後兩點左右到達上瓦房，這裡距王府大約十清里，可稱作是王府週邊的入口處。王府派來五十多個人在那裡迎候，並鄭重地傳達王爺和福晉的指令，當時令我多少有些不安。因為前來迎接的一名高官，對一路護送我過來的軍官（串山忠喜）和士兵（森田寬）如此傳達王爺的指令：「二位一路辛苦了！想必你們一定很累了，今天馬上帶你們去武備學堂，在那裡好好休息吧！」意思就是只帶我一個人去王府內。於是，我向串山他們誠摯道謝之後告別，而留下的全都是蒙古人。我問道：王府有沒有日本人過來？回答說今天沒有其他人。聞聽此言，我心中頓時忐忑不安起來。

因為之前聽說，這裡的武備學堂有教官伊藤柳太郎和吉原四郎，另外還有兩三名日本人，所以，我以為到了王府，就會馬上見到他們，既可以請教一些初次拜見王爺、福晉的禮儀和規矩之類，還可以請他們做翻譯。然而，如今誰也見不到，只有我一個人被帶去王府，內心的不安與惶恐非同一般。

到了王府，發現這裡同樣有很多人，他們排列整齊，恭敬地迎候。下午三點半，我

---

4 騾馱轎，即用兩頭騾子一前一後馱（架）著的轎子。由於黃土高原丘陵密佈，黃河十八彎，交通十分不便。後來，騾馱轎流傳到了偏關縣，以及內蒙古清水河縣、準噶爾旗境內。二〇〇六年，收錄於中國民間文化遺產。

們通過莊嚴的王府大門，進入王府內。喀喇沁王府的建築歷史悠久，內有諸多相當宏大而壯觀的城堡、樓閣殿堂以及數不清的門。在前邊帶路的人好像是位高官，我跟在他身後，穿過無數道門。一路往裡走著，我依然惴惴不安：要拜見風俗習慣迥異的王爺，又沒有翻譯，我該怎樣問候致意呢？不停地思忖這些，也無暇顧及周圍的光景。

不久，來到一所寬敞的院落，院內蒼松翠柏，正對面是一座高大的建築，走到跟前，臺階上一位身著綢緞，氣質優雅之人在此迎候，並將我請進寬敞的大客廳。這裡是西洋風格的裝飾，一派富麗堂皇。我想或許這就是王爺的客廳，請我進來之人是隨侍左右的大官，王爺與福晉馬上就會一同出現。我正想著見面時該如何行禮問候呢，眼前這位給我讓了座，然後親切地向我問候：「一定很累了吧！天氣嚴寒，我想路上一定很辛苦。」我回答說：「王府派來接我的人，一路上都無微不至地照顧我，特別和善，我並沒覺得累，到達這裡很順利，我很高興。」至此，我才明白這一位便是王爺，不由大吃一驚。可是，重新致以問候也很不自然，於是我再度恭敬地施禮致意，之後說道：「我不瞭解貴國的習俗，禮儀和規矩也都不懂得，我想今後也會出現許多失禮之處，請您多多包涵。」言罷，再次恭敬地鞠躬行禮。然而，時至四十年後的今天，我對當時的困窘依然記憶猶新。

隨後，由內宅僕人帶路，我和王爺一起又穿過好幾道門，來到後宮前面的一座寬敞的大庭院。宮殿的入口處懸掛著一副匾額，上書三個大字：松雲閣。福晉也在侍女的陪侍下，來到門口迎接，隨後我又被引進一個寬大氣派的屋子，在那裡，我向福晉施禮致意。由於這次開始便知道是福晉，從而避免了拜見王爺時的那般狼狽失措。

初次拜見，便蒙受如此特別的禮遇，我認為完全是出於王爺對日本的信賴，以及內田公使深具影響力的介紹。而我這個莽撞粗率之人竟然受到如此優遇，也是命中註定的幸運使然。

懷想王府給予我的禮遇，感念的同時，對於自己未能充分回報福晉對我的深厚信賴，至今仍深以為憾。歸國之際，在北京火車站話別時，福晉曾對我說：「你一定要再來啊！」當時我也答應：「我一定會回來的！」我絕非信口而言，只為寬慰福晉，而確實下定決心要重回內蒙的。有道是，人生難得是義氣！說句不顧身分、難免唐突的話，我對福晉真的懷有一種知己之感。意想不到的是，回國之後，終身大事出現了，這是此前我未曾預料到的。最終，我結了婚，去了美國，卻未能履行自己曾經對福晉許下的承諾。對此，我萬分愧疚，每念及此，內心無比難過沉重，時至今日，依舊難以釋懷。這也是命運吧？我除了祈求寬宥，夫復何言？

三、表面的工作，暗中的工作

前面已經說過，前往內蒙，我名義上是喀喇沁王府的教育顧問，而暗地裡卻是協助軍方的工作，軍事方面的工作有很多。

明治三十七年二月，日俄戰爭拉開戰幕，因為早已悉知此一戰爭無可避免，故此軍部很早之前便已著手安排佈置，進行準備，在每個要地祕密設置情報據點，其中之一便是位於北京與喀喇沁之間的熱河，再有一個就是比喀喇沁更深入腹地的赤峰。

喀喇沁位於比熱河更遙遠的北邊，處於熱河大道的要衝位置，而熱河大道縱貫內蒙古南北。向北經赤峰、通遼[5]等地可遠至齊齊哈爾和海拉爾，還通往外蒙古到西伯利亞那邊。因此，如果日軍要從側面或背後向俄軍採取行動的話，均需以喀喇沁為立足點。

鑒於此，日本當局已於明治三十六年春，極其祕密地邀請喀喇沁王爺訪問日本，請王爺實地考察我國的文化、產業以及軍備等方面，加深對日本的瞭解，王爺由此成了由衷的親日派。由於福晉是親日派肅親王之妹，所以對日本的瞭解還要早於王爺。於是，他們希望按照日本的模式來進行內蒙的女子教育，流露出要聘請日本女教師的意願。內

5 原文「洮內」，查無此處，似應為「通遼」。

田公使與北京的軍事當局商談的結果，決定讓未來的女教師協助軍方的工作，最終由我當此大任。

我看到報紙雜誌將我說成是什麼「女特工河原操子」、「日俄戰爭時的女間諜」之類。其實一說到特工啊間諜啊，通常人們會想到喬裝打入敵人內部，祕密刺探敵情之類的形象，可我卻被准許公開生活在王府之內，並且作為女學堂的教習堂堂正正地授課。雖然我努力不斷強化王爺和福晉的親日思想，並且為特別任務班的成員充當聯絡員，但實際上我並未做過可稱作是「間諜」的事情。毋庸贅言，一旦發現可疑之人在王府出入，或者看到、聽到我認為將對日本產生不利的情況，我會立即報告，絕不疏忽放過。然而，這也不過是將所謂探聽到的情況加以通報，僅供參考而已，與那種通過喬裝或欺瞞之手段，刺探敵方祕密的特工大相徑庭。據說特別任務班（後面詳述）當中，也有實質性的特工人員，就是所謂的「諜報班」，而我屬於週邊人員。

然而，雖然王爺、福晉是親日派，但王府內重臣以下的大部分官員卻都是親俄派。我一介女子置身其間，一旦日俄開戰，其危險不言而喻，自是九死一生。可我卻並未感到害怕，只是擔心像我這種能力不足、不夠機敏之人，無法完成被寄予厚望的重大使命。而我認為，這並非由於我有一顆強烈的愛國之心。當國家處於非常之際，個人被賦予一項重大使命時，恐怕任何一個日本婦女，都會義無反顧，而將一己安危置於度外的。試想一旦發生火災，女子也會出人意料地力大無比。

可是，因為我是個女子，眾多男士們十分為我擔心。內田公使、川島浪速先生、小田切總領事、特別任務班的行動統領青木宣純大佐，以及勇士們的首領島川毅三郎先生都體諒我、激勵我，並告訴我許多該注意的事情。出發的前一天，內田公使夫人為我舉行了茶會。席間，一直沉默寡言的青木大佐怕我過於擔心，懇切地對我說道：「哪怕只剩下你一個人留在王府，我們也會一直在背後守護著你，萬一危險迫近，馬上派人過去接你。」公使和川島先生等人也都輪番對我說：「一有危險，你馬上發電報。」然而，電信局在熱河，從王府到那裡有二百六十清里，收到電報，從北京要縱馬飛奔七百清里才能到王府。如果還來得及，這種程度的「危險」，恐怕也無需煩勞他人了吧？總而言之，我已然做好了最壞的打算，也察覺到其實大家和我一樣，對我能夠生還並不抱希望。

如同我在正編〈九日乘轎之旅〉一節中開頭所描述的那樣，第二天出發時，許多人前來為我送行，一直到北京東直門外。我後來聽說，當時內田公使說過這樣的話：「這是我平生第一次落淚。」公使先生、川島先生都一直站在那裡，目送我們的行列遠去，直至變成了一個個小黑點，終於消失得無影無蹤。後來，公使夫人告訴我，內田公使目送我時雙眼噙淚。可我由於緊張，也沒有特別的悲傷。

我暗中要執行的任務，從來不曾讓女子承擔過，加之我協助過的特別任務班，包含橫川和沖這兩位非常有名的烈士，我也因此在這方面被公眾所熟知，以至於經常遭到誤解，人們以為從事教育不過是我前往內蒙的一個名義，而實際上完全是執行軍事上的祕密任務，對此我感到些許遺憾。坦言之，中國女子教育乃是我的本職，是我積極從事的事業，所以，對此我既有自信，也有興趣。而且當女孩子們能夠唱日本歌，用日語流利地表達時，她們自然會熱情高漲，而我自己也愈發投入。再者，軍方的任務到了明治三十七年的夏季業已告一段落，之後便沒有太多需要我做的事情。相反，教育的成果卻逐漸顯現，王爺、福晉均由衷地感到滿意，學生家長也開始深深地信賴我們，我為自己多年的理想至此有了豐碩的成果而感到高興，甚至還考慮過不妨按照福晉所希望的那樣定居內蒙，屆時把父親也接過來，等等。雖然我到內蒙去的直接原因是為了拚上身家性命，協助軍方的工作，但就結果而言，教育才是我真正的事業。

去年，滿洲國建立十周年慶祝大會召開，我應邀作為熱河省的嘉賓出席，理由是對日滿親善做出過貢獻，正值我在病中沒有參加。後來曾看到過許多新聞報導，什麼要修建表彰我的紀念館啦、什麼計畫為我雕塑半身像啦，等等。雖然我根本沒有那麼大的功勞，不過，時至四十年後的今天，喀喇沁那邊還能記得我的名字，這恐怕就是當年自己把一腔真誠與熱情奉獻於教育的結果吧？對此，我至今深感欣悅。

四、伊藤、吉原兩位烈士

入蒙後我忙於教育工作，於一周之內開設了毓正女學堂。正如篇中所講，武備學堂的教官伊藤大尉（柳太郎）與吉原四郎兩位日本人作為來賓列席了學堂的開業典禮。吉原當時的演講也將在正編中予以刊登。此後僅過十日，二人便返回日本。不久，他們便與橫川、沖一起，作為特別任務班的成員再度入蒙，因此我與這二人緣分匪淺。伊藤大尉完成了特別任務後晉升為少佐，作為大隊長奔赴戰爭一線前，給我寫了信，萬一他戰死沙場，委託我代為處理他的隨身攜帶物品。這封信的全文也將在本書的〈餘錄〉中刊登。伊藤少佐次年三月份戰死於奉天會戰，我遵照其遺言妥善處理了他的物品。對於有如此深厚緣分的二人，在此之前我卻知之不多。橫川與沖在社會上廣為人知，脅光三是我先師的兒子，故而頗為瞭解，但是這些烈士的班長伊藤大尉，以及與大尉有一體同心之交的吉原，世間卻絲毫不知，多年來深感遺憾。這次在撰寫〈序編〉時，恰巧收到伊藤大尉的至交永田新之允贈與的新著《烈士伊藤柳太郎少佐》，結合此前一星半點的瞭解，此次有了更為整體、全面的認識，多年的夙願得以實現，深感欣悅。

永田與伊藤是同鄉，就讀於同一所學校，同吃一鍋飯長大，儼如兄弟。永田同樣關心中國問題，與伊藤有思想上的共鳴。伊藤初次入蒙之時，永田也曾考慮過是否要一同前往，故而伊藤不管有任何祕密都會告訴永田。基於這種關係，永田跟與伊藤情同手足、生死與共的吉原也頗為親密。因而永田撰寫的《伊藤少佐傳》中，也詳細記敘了吉原的事情。加之我從吉原的外甥吉原公平處也聽聞了諸多事情，因而我心中的伊藤柳太郎、吉原四郎二人形象逐漸清晰，作為正編中〈雪中梅〉的補遺，特此介紹二人的略傳，接下來設置〈特別任務班〉一節，藉此緬懷當年勇士們的苦難。

伊藤柳太郎大尉（後為少佐）是山口縣岩國市人，生於明治三年，明治二十五年畢業於陸軍士官學校，在甲午中日戰爭中作為年輕軍官戰鬥勇猛。夫人是明治時代有名的陸軍中將鳥尾小彌太子爵（得庵居士）[6]的千金，育有一個可愛的兒子。但是伊藤作為喀喇沁武備學堂的總教習於明治三十六年四月赴任，早於我八個月前入蒙。伊藤當時三十四歲，身為大尉。

吉原四郎生於明治四年，比伊藤小一歲。是信州舊松代藩[7]人，十七歲時來到東京，就學於中村敬宇先生的同人社。據聞與志賀重昂有刎頸之交，後來得到大隈侯爵的深厚信任。入伍加入高崎聯隊[8]。受中隊長伊藤所喜愛，之後二人肝膽相照，伊藤去喀

6 子爵，一八八四年日本實行華族制度，將舊公卿、大名及明治維新功臣分賜公、侯、伯、子、男五等爵位。
7 江戶時代的一個藩，統治今長野縣長野市松代町一帶。
8 聯隊是日本在第二次世界大戰中的一級作戰單位，相當於中國的團級單位。

喇沁赴任時，他也一同前往，二人一起加入了特別任務班，宣誓要生死與共。在伊藤戰死之後，他從事與中國駐屯軍相關的實業，且與礦山相關，在中國大陸異常活躍，但是因病英年早逝，年僅三十八歲。

伊藤前往喀喇沁赴任時，曾說過「我這一輩子做到大尉便知足了」，期望退役獲得自由之身，與吉原在中國共謀一番大事。二人在特別任務班的十二名成員中，都是特別傑出的人才，但是在這十二人當中，只有橫川與沖兩位成名，其他人的名字都被人遺忘，不勝遺憾。

五、特別任務班第一班

明治三十七年二月，對俄宣戰的詔書一經頒佈，北京的日本公使館武官室便立即組成了特別任務班，這是早已同參謀本部商議好的決定，目的在於偵查敵情，干擾敵人的行動，破壞敵人的鐵道、電線、兵器及火藥庫等。

後來得知，在這個特別任務班中，擔任破壞鐵道的分成五個組，即第一至第四組及別動隊，共計四十七人，恰巧與赤穗義士[9]人數相等。後來增加六人，加上情報班六

9 指的是一七〇一年，赤穗藩主奉命接待天皇使者，然而受吉良愚弄而失禮，赤穗憤而傷害吉良，違背了法律，被判剖腹，之後他的四十七名家臣為其報仇的故事。

人、諜報班四人、後方勤務三人以及領導指揮人員五名，共計七十一人。總首領是內田公使，總指揮官是青木宣純大佐。第一班的班長伊藤大尉，還有吉原、脅等與我淵源深厚的人均在第一班。

特別任務般　第一班（十二人）

班長：伊藤柳太郎（大尉）

　橫川省三、沖禎介、松崎保一、脅光三、中山直熊、田村一三

　（以上六人後來分出去，另外組成橫川班）

吉源四郎、田豐三郎、大島與吉、若林龍熊、森田兼藏

（加上班長，以上六人為伊藤班）

第一班的首要目的，就是破壞東清鐵道西部線路的興安嶺大隧道，根據情況，中途分成兩撥，分別前往齊齊哈爾和海拉爾，去破壞那裡的鐵路橋樑。如果分成兩撥，分出去一方的班長要由年紀長、資格老的橫川省三擔任，據說這些都是事先內定好的。

這十二人來到喀喇沁時的情形，我已在正編〈雪中梅〉中進行了描述。而之後途中的困難，實在是超乎我的想像，因為雖說我也在當地，可是畢竟我們生活在王府的深宅

大院。成員之一的大島與吉（現存者）後來在《爆破行動秘史》中這樣寫道：

連續幾天，在暴風雪中一直向西北行進，周圍更無人家，且積雪數尺，人困馬乏，大家終於忍不住歎息連連：啊，這道難關啊！不到三天功夫，馬都累趴下了，因為沒有人家，所以很難見到放牧的馬。即便好不容易發現了馬群，要抓住它們不但非常困難，而且就算逮到了，過一兩天又會跑掉，很難達到預期的行進速度。由於無法清理積雪，也只能在雪上搭帳篷，方便實惠的只有水——可以用雪來化。與此相反，最困難的是用作燃料的牛糞，即使明明知道我們經過的路就是放牧區的牧場，一定會有牛糞，但也都被深埋在積雪之下，難以撿拾。所幸那邊的土地乾燥，散落四處的牛糞哪怕是幾個月幾年以前的，從雪中挖出來仍然十分乾燥，比樹枝什麼的還要好燒，而且沒有煙。（中略）我們嘴裡念叨：明天放晴吧，明天放晴吧！可是天天都在暴風雪中行進，完全碰不到人家。糧食也不夠了，我們決定只要看到人家，就要購買活羊，並且設法和穀物一起食用，無奈達不到預期的行進速度，也不知什麼時候能買到羊。軍用地圖倒是有，可是根本看不到任何路，每個人都掏出隨身攜帶的指南針，還是弄不清方向，只好在晴天的夜晚，根據北斗星判斷方向，繼續前進。

通過這段描述，可以想見那段行程是何等艱難。他們是二月二十一日（明治三十七年）離開北京的，離開喀喇沁是三月三日，之後經歷了六天暴風雪的折磨，於三月八日到達烏丹城，住進了一座喇嘛廟，烏丹城是靠近熱河省與興安省交界處的一個小鎮。他們知道，按照這個速度，根本無法到達興安嶺隧道，遂決定分成兩部分，分別前往齊齊哈爾和海拉爾。於是按照事先的計畫，分出一組，由橫川擔任班長。

原計劃兩處都在四月三日完成鐵路橋樑爆破，這一天是神武天皇祭日[10]。但由於暴風雪、糧食匱乏以及疲勞，致使行進遲緩，橫川班於四月十一日才到達齊齊哈爾附近，最終被俄軍逮捕。橫川、沖兩人被槍殺，脅等另外四人雖然得以逃脫，令人難過的是，他們誤被土匪當成富有的商人而遭到殺害。在橫川和沖兩人被逮捕後，伊藤班於第二天，即四月十二日到達海拉爾附近，一連幾天尋找爆破的機會，都因為警戒森嚴而無法靠近鐵路橋樑，最終將三處鐵軌破壞並切斷電線後快速撤離。隨後又是連續數日在暴風雪中行進，於五月二十七日到達張家口。自北京出發以來，竟然已是第九十六天，據說回到北京已是一百多天之後了，實在是歷盡艱辛。

10 傳說為日本第一代天皇，在位時間約為西元前六六〇年至五八五年，四月三日為神武天皇祭日。

雖然橫川班最終沒能完成任務，伊藤班也只是破壞鐵軌並切斷電線，而未能炸毀鐵路橋樑，然而，日軍竟然將手伸到如此腹地，面對這一情況，俄軍甚為恐慌。於是，在西伯利亞鐵路與東清鐵路綿延幾千公里的所有線路上，每隔二、三百公尺便設置一個步哨。如此一來，從第一線分出了大量兵力。僅就此一點而論，特別任務班對於戰局整體的貢獻可謂厥功甚偉。

前面說過，橫川班六人全部犧牲，伊藤班六人只有大島與吉、森田兼藏兩人健在。由於森田一度在海拉爾下落不明，所以大家認定伊藤班，包括班長在內均遭殺害。然而，當年十二月，森田與符拉迪沃斯托克[11]的日本難民一起先被遣送至歐洲，而後又從德國的不萊梅港乘坐輪船被遣返回國，稱得上是命大之人。據說他是在海拉爾被蒙古人抓到的，又受到俄國員警的審訊，但他一口咬定自己是去年來此地旅遊，錯失了回國的機會，加之他沒有攜帶任何可疑物品，最終被釋放。

以上是對於敘述第一班（伊藤、橫川兩組）的〈雪中梅〉一章所做的所有補充。第二班的任務是破壞松花江鐵路大橋，第三班負責爆破哈爾濱的火藥庫武器庫，第四班擔任長春（現在的新京）——奉天之間鐵路橋樑的破壞，而他們也和伊藤班一樣，均部分

11 原名海參威，俄羅斯濱海邊疆區首府、俄羅斯遠東地區最大的城市。

完成了任務。不過，他們卻有額外的行動：襲擊敵人的運貨車，搶奪糧食；爾後利用土匪，大肆騷擾敵人後方，干擾運輸。後來得知日俄戰爭期間，俄軍對於土匪隊伍破壞鐵道、搶奪糧食深感惱火，而我讀了永田先生所著的《伊藤少佐傳》方始得知，原來指揮這些土匪的竟是特別任務班的勇士們。

通過聽廣播、看報紙獲悉：自大東亞戰爭開始已近兩年，陸海空三軍的戰鬥愈演愈烈，尤其是所羅門群島一帶的空戰之激烈，遠遠超出了我們的想像。我們由衷地感謝這些英勇的官兵們，也深切地感受到（沒有飛機等先進武器的年代的）日俄戰爭與今天的大東亞戰爭的天壤之別。今天，不管是大興安嶺隧道，抑或海拉爾與齊齊哈爾的鐵橋，只要獲悉基地，飛機當天便能完成爆破並往返，但是伊藤班往返於海拉爾便花費了百日有餘。毋庸置疑，那個年代的戰鬥雖然不像今天這般激烈與嚴峻，但是那個時代的官兵則有另一番艱辛。

縱觀上述，零零碎碎、毫無邊際地記述了一些我出使內蒙的事情。比如，記述了今昔感受不同的事情、正編中將要公開發表的事情、以及當時不詳而今已水落石出的事情。是為序編，就此擱筆。

正編

第一章　我與清朝的女子教育

一、下田先生簡介

明治三十三年夏，我在長野市的縣立[1]高等女子學校任職，久病初瘥，身體得以重新享受自然的健康狀態。與此同時，我那暫時被封閉於堅冰之下的夙願，也就是從事中國女子教育的希望，如同沐浴著和煦春光的草木一般，開始萌芽。恰巧我聽說素所敬仰的下田先生來信越地區[2]旅行，當她到達信濃每日新聞社時，我不想錯失此一良機，希望向她傾訴一下自己多年來的志願，從而獲得先生的幫助。通過高等女子學校校長渡邊敏先生的介紹，八月十九日下午，我前去先生下榻之處拜訪，將自己從女高師讀書時起便一直考慮的事情，進行了一番詳細的敘述。聽了我的訴說，下田先生抱著深深的理解

1　日本的縣相當於中國的省。
2　日本長野縣與新潟縣統稱信越地區。

及深刻的感受，表示如有機會，將助我一臂之力，並誠懇地告誡我，在此之前，當努力培養自己的實力。

下田先生回到東京不久便給我發來電報，讓我即刻來京。原來是由中國人經營，坐落在橫濱的大同學校，新學期開始也要開設女子部，他們通過名譽校長犬養毅先生，請求下田先生推薦一名日本女教師。我聞訊立即趕往東京，前去造訪，那座宅邸位於麴町區、永田町的中國駐日公使館對面。下田先生對我詳細說明了事情的原委，問我是否願意出任教職。此一機緣乃是自己夙願得償之開端，我欣喜異常，沒有片刻猶豫，便興高采烈地表明我會答應的。

於是我返回長野，將上述情況告知女校的渡邊校長還有父親，傾聽他們的意見，也談了我自己的想法。高興地徵得他們的同意後，我便迅即辦理了辭職手續，於同年九月上旬再次來到東京。此時的京城秋高氣爽，蟲鳴婉轉哀怨。

在東京滯留的十幾天裡，我忙於各種準備性的查閱以及拜訪友人，隨後於當月二十日前往橫濱，寄居友人家中，自二十二日起在大同學校執掌教鞭。這固然是我個人於中華女子教育之初涉，恐怕亦是日本人執教於中國人學校之嚆矢。

二、橫濱大同學校

外仰下田先生的指導，內憑自己尚欠充分的準備，加之相當的自信，由是我在大同學校的工作進展得極其順利，而中國人對此結果的欣喜之情亦毋庸贅言。然而，為了這一切，我卻付出了極大的毅力和努力。外國人與我們的風俗習慣等等迥異，在教授學生時，按照日本通常的想法卻難免招致誤會的情形時有發生，有時甚至出現類似屈辱的事情。然而，我凡事克制忍耐，恪盡職責。當此情形，我堅信此乃一己責任之所在，因而並不以忍耐為苦。

因為我待學生十分懇切，便思之自己應該學會說漢語。恰好大同學校有位教師鐘先生，人品端正，一口北京官話字正腔圓，於是我便在放學後跟著鐘先生學說北京官話，以致日後無論在上海抑或內蒙，都大有助益。

雖然我的本職工作方面已開始顯現希望的曙光，然而，既然要投身於如此國際性的事業，那麼就需要一種自信，當你面對西洋人時不至於卑躬屈膝。為此，我打算學習一門西方語言，於是便搬到由法國人開設，位於橫濱市山手八十八號的紅蘭女校學生宿舍，晚上全力以赴地學習法文。如此學習法語，不光對掌握語言本身大有裨益，同時還有諸多機會得以接觸西洋人，更趁便瞭解他們的文化與風俗。

在大同學校任教期間，我感受到：教授中國人，其態度應從容不迫，雍容裕如。並且還體悟到：通常對待中國人，既不可用強壓制，亦不可太過縱容，而應取中庸之道，寬嚴適度，此乃諸事成功之秘訣。蓋因其時甲午中日戰爭結束未幾，日本人在他們面前動輒態度倨傲，首先就已然傷害了他們的感情，縱使行事出於真心同情，好意為之，亦往往難以令他們心生感激，反而招致反感。屢屢目睹諸般情形，我既無力對他們善加引導，更難奢望日中攜手，共同維護東洋永久和平。於是我希望能去一次中國，結識一位在家庭當中頗具權勢的婦女，以便加深女性之間的交往。我甚至不自量力地胸懷大志：希冀從這個角度襄助男人所致力的事業，從而內外協作，促進國運昌盛，推動人類和平。

我在大同學校執教直至明治三十五年，某日應下田先生之邀前往拜訪，先生談及收到上海吳懷疚先生的遠方來函，信中闡述了他對於女子教育的見解，剴切希望中華女子教育應由東洋人興辦，並懇請下田先生推薦優秀的日本女教師。繼之，下田先生說，如果該女子教員為初次赴中國教授其子弟者，則除了作為教員本身應具備的實力之外，希望其務須決意成為日本婦女之表率，務須堅韌不拔，務須意志頑強，務須處事圓滿得當，且具有一定經驗。凡此種種，外加其他諸多所需資格條件，人選殊為不易，思之再三，汝當其任矣。

我對先生說，學生才疏學淺，有負先生信任，尤其不具資格堪此重任，理應固辭。然而，前赴中國從事女子教育，乃我多年之深切夙願，故不揣鄙陋，謹遵師命。定當全力以赴，不負所望。惟顧念遠赴他國，撇下老父孑然一身，乞徵得家父應允後方予確切答覆。恰好此時父親來京，我立即如實稟告並與父親相商，下田先生也溫言相告，父親欣然同意。就此，我赴上海任教一事最終確定。

三、初次渡海出國

如此，我辭去大同學校的教職，來到東京進行各種準備工作。明治三十五年八月二十八日，我乘坐神戶丸，由橫濱港出發前往上海。

是日，天氣格外燠熱難當，籬牆邊的牽牛花早已無精打采，樹上的蟬兒鼓噪成一片，幾位朋友特意趕到碼頭為我送行。大家手拉著手，依依難捨，他日能否重逢，殊難逆料。開船時間已到，有人催促上船。上午十點鐘，我與眾人依依惜別之後，徑直登上神戶丸。輪船起錨，陸地漸行漸遠，令我眷戀難捨的朋友們，他們的身影愈來愈模糊，手中揮舞的白色手帕也終於退出視野。此時，本牧海岸四周唯見漁帆點點。我心中一腔離愁別緒，情難自已，久久地佇立在甲板上，任海風吹拂我的衣衫，直至心緒稍稍平復，才回到客艙內。

同屋沒有需要提防的客人，也就無需擔心隨身攜帶的行李，我放寬身心，卻是愈加寂寞悵惘。正當此時，突然有人開門進來，我回頭一顧的瞬間，兩人同時喊出對方的名字，竟然是我高等師範的同窗好友隈部良雄。我們彼此抓住對方的手，欣喜莫名。多少年未見？一向可好？諸多話題，無論問也好，答也好，兩人均是淚眼婆娑。我問他要去哪裡？聽他說到門司港，我說那我陪你坐到目的地，算是為你送行。他還說，這艘輪船的事務長跟他關係很好，可以託他照顧我。此話於我而言無異於盲龜浮木，心中愈加篤定踏實。我們一路敘舊話新，輪船已過三浦市三崎[3]海域，依舊談興未減。

暮靄籠罩了富士山，夕陽的餘暉灑落相模灘。夜色中，海面波平浪靜，當我們安然進入夢鄉時，船剛剛駛過遠州灘。

二十九日上午，輪船抵達神戶港，當天停泊在港口。今晚，我要通過書信，寄託我對故鄉的父親和親朋好友們的思念。

三十日，朝暾初上之際，輪船行駛在瀨戶內海。我和隈部君在甲板上並肩而立，環眸四顧，但見山青水碧，早晨的空氣令人神清氣爽。遠處三兩白帆忽隱忽現，淡路島矗

3　神奈川縣三浦市的地名，位於三浦半島的南端，正面扼控城島的天然良港。

立在雲霧縹緲之間。蜿蜒曲折、一望無際的海岸線上，連綴著須磨[4]、舞子[5]、明石[6]海濱。遙想曾經榮華蓋世的平家[7]終歸難逃末路，但覺初秋風冷，單薄衣衫。懷想屋島戰役中選擇逆櫓出戰的名將故事[8]，我告誡自己：切莫壯志未酬，無功而返。

右岸可見山陽八州，船在大大小小的島嶼之間穿行，三十一日凌晨駛入馬關海峽。隈部君在門司港下了船，我一直目送他的背影遠去，直至消失不見，內心慨歎諸事無常，恰似牽牛花上的朝露。

三十一日正午，客船駛離門司港。同船的美代農學士是我以前就認識的，他此行前往中國武昌，將出任武昌農務學堂總教習一職。我興致勃勃地聽他述說當地的風土人情，他的話令我獲益良多，雖然雙足尚未踏上中國國土，可通過他的講述，心中已大體描摹出一個輪廓。

---

4 兵庫縣神戶市須磨區。

5 兵庫縣神戶市垂水區西南部的地區。

6 與日本近畿地區中部、兵庫縣南部的明石海峽相鄰接的都市。

7 日本中世紀長篇歷史戰爭小說《平家物語》主要敘述以平清盛為首的平氏家族的故事，圍繞平氏集團由盛至衰這一中心線索，藝術地再現了平安王朝末期舊的貴族階級日趨沒落，逐漸為新興武士階層所取代。

8 〈義經篇〉第十四章屋島戰役：一之谷戰敗的平家在屋島集結軍力，源氏部隊攝津國的渡邊準備渡海攻打。此時源義經與梶原景時發生了歷史上著名的「逆櫓之爭」。所謂的逆櫓即是使得船隻可以後退的裝置，梶原認為源氏部隊不擅水戰，萬一形勢不利可以減少損失，故要在戰船上安裝逆櫓。但義經則認為作戰之時不應考慮後退，當立即出發。

船至玄海灘，風浪漸高，輪船晃動愈來愈烈，令人心煩意亂。因之，輪船在一海灣停靠數小時。原本應在當天夜裡到達長崎，卻推遲到第二天，即九月一日終於抵港。我想趕緊上岸，便登上小擺渡船，怎奈依舊風大浪高，兩次三番幾被掀翻，我死死抓住小船底部，終於靠近碼頭。令我懷戀的幾位昔日好友前來迎接，大家你一言，我一語，片言隻語當中傳遞著萬千思念，真真歡喜無限。隨後好友們帶我在市內遊覽、購物，回到船上已是下午三點。

海浪愈來愈高，船員等人均面呈不安之色。無意間，我聽到他們竊竊私語：「博愛丸怎麼樣了？晚點太久了！」據說那艘船原本該昨晚到港的。我很少坐船，聽到這些話，想到此後將越來越遠離日本，而航行在波濤洶湧的外海上，不由得心生恐懼，無比傷感。

下午四點多，博愛丸終於平安抵港，我們船上的船員跟他們打聽了海上的情況。下午五點，我所乘坐的神戶丸起錨離港。據說今天是農家的凶日[9]之一，第二百一十日[10]。

9 日本將農曆八月一日、第二百一十日、第二百二十日視為農家三大凶日。中國古代曆書上亦有「黃道吉日」與「黑道凶日」之說。

10 日本的雜節之一，將立春作為起算日第二百一十日，日本古時認為天氣總在這一天左右變得狂風大作，有暴風雨，故而將其作為一個不吉利的日期標在日曆上。

客船愈遠離陸地風浪愈大，海風肆虐，如阻船行，狂濤巨浪，似助風威。命運叵測未卜，令人心神難定。船艙內小孩子們的哭叫聲、物品掉落破碎的聲音混雜一片，煞是淒慘，尤其是暈船人的樣子令人不忍目睹。

儘管乘船之前，我已然有充足的心理準備，但事到如今還是難免心下悽惶。想到一旦生命將終結於斯，便思念起故鄉的老父並且懷念所有的恩師好友。遙想在海天的另一方，大家並不知曉我的際遇，只是祈禱我的海上之旅一路平安，便忍不住潸然淚下，無法自制。然而，儘管我內心極度不安，卻反而定下心來。我打定主意，萬一翻船落水，當抱緊救生囊漂浮，即便不幸葬身魚腹，此刻也是莫可奈何，命運無常，聽天由命吧。

第二天、第三天依舊是驚濤駭浪，我們乘坐的客船好似搖籃一般。第三天下午，終於駛入揚子江幹流河道，風浪漸漸平息，我和同船的人們懸著的心總算落了地，恍若死而復生。輪船本該進入上海，如此一來，便停泊在吳淞港。我佇立甲板，但見浩浩大江，望不到對岸。第一次面對大陸的雄大遼闊，頓覺心胸舒暢。隨後我們換乘小蒸汽輪，沿著黃浦江溯流而上，約半小時後抵達上海。我的同鄉，稻村中佐是駐地部隊的長官，為我提供了諸多便利，還有總領事小田切夫婦給我許多指點，宛如家人一般誠摯真切。因此，雖然第一次身處異國他鄉，我卻絲毫未感覺到寂寞。

第二章 上海務本女學堂

一、清朝最早的女學堂[1]

務本女學堂的設立純然出於女子教育之目的，從由東洋人經營這一點而言，可謂是清朝最早的女學堂。原因在於，現有的三四所女學堂均由西洋人經營，其設立乃是出於宗教傳道之目的。

校主兼校長吳懷疚先生畢業於南洋公學堂（相當於專門學校），一貫宣導女子教育之必要性。此次創設學堂，主張教員完全由日本人與中國人擔當，而不接納西洋人。聘任我為女教習，男教習八名全部為中國人，均由育才學堂（中學程度）教習兼任。舍監由育才學堂長的夫人擔任，她名叫沈竹書，是一位膽識才華兼具的婦人。

1 也有人認為，中國人創辦的最早的女學為經正女學，又稱經氏女學。一八九八年五月由經元善創辦。說「務本女學堂」（一九〇二年創辦）為中國最早的女子學校之一，比較確切。

務本女學堂位於南大門內的花園街，明治三十五年八月開學。此乃中國人自己開設的第一所女學校，因而責任甚重，可以說本學堂的成功與否，大大關乎今後中國女子教育之興衰。女子教育好不容易萌發的兩片嫩芽，究竟是轉瞬間便枯萎消逝，抑或茁壯成長而至參天大樹，全然取決於本學堂的成績如何。據說此國之陋習在於，興辦學堂，招募學生，待至設備亦漸次完善，便將之估價予以買賣，直視若商店內之商品。如此，諸多學堂往往僅一味期待入學學生多多益善，卻罔顧諸如事關緊要的教育內容之事宜。我向校長進言，希望本學堂勿染此惡習，較之學生數量之眾多，上佳的教育品質更值得誇耀。

二、學生類別

女學堂最初有四十五名學生，其年齡及學歷相差懸殊。最小的年僅八歲，最大的已年過三十；學力也是目不識丁者有之，稍解讀書者有之，較高程度者亦有之。若要根據年齡與學力合理劃分年級，只好分作四十五個年級了。然而，這終歸是不可能付諸實施的，最終勉強分作三個年級，按照日本國內小學的程度進行授課。我擔任的學科是：日本語、日本文、算術、唱歌、圖畫。學生們都對這些科目頗感興趣，學習相當用心，因而我教得也很起勁，十分快慰。尤其到了唱歌與會話的時間，連其他教習及學生家長也來旁聽，內中甚至有纏足的婦女，她們行走亦很艱難，或被人攙扶，或乘轎前來。

授課時，最困難之事當屬語言不通，因中國各省各地方言不同，即便學生之間無法溝通亦不足為奇，因此，為彌補尚不嫻熟的中國話，我便輔之以漢字再加上圖畫。然而，漢字未能駕輕就熟，繪畫又難免拙劣，有時便需要再三解釋說明，卻依然無法表達清楚。尤其是繪畫課，細的變成了粗的，淡的變成了濃的，畫虎類似於貓尚在其次，要學生畫蘆葦卻畫成了竹子，凡此種種，屢見不鮮。

然而，學生能力的提高還是比較快的，圖畫早已成為務本女學堂的一個特長。唱歌雖然學生們非常努力，但是鑒於教授時的困難，進步仍是緩慢，也緣於當地原有音樂單調，通常會導致耳朵在音樂方面的辨音能力欠佳。以前聽說中國人具有學習語言的天賦，果然如此，半年之後，學生們已然熟諳日語，我亦通曉了南方方言，語言不通造成的困難未幾便已消除。

三、學生的增加

很幸運，務本女學堂博得了社會上的好評，創立不過半載，在寒假之後，入學者大增，竟然超過百人。並且四分之三為寄宿生，大部分出身於江蘇、浙江兩省。

新生年長者居多，已婚者也有十幾人，三十歲以上者十名，其中甚至有年過四十，望之如我母親一般的人。在這些年長的新生當中，有的是自己主動徵得公婆與丈夫的同意而來，也有通過父母說服自己的丈夫前來上學，還有被丈夫勸說來的。已有孩子的婦女，將之託與公婆照看，甚至有一人帶著八、九歲的女兒，母女同學。這些人當中，大多數希望畢業之後回鄉從事女子教育事業。年過三、四十歲，卻與八歲到十三歲之間的兒童為伍，她們不僅絲毫不顯羞澀，反而對於不解之處主動發問，其熱心向學的態度著實令我感佩。

由於學生數量過百，寄宿生亦有增加，於是將現有校舍全部用作宿舍，而將學堂搬遷至相距一百多公尺處的黃家闕[2]。我藉此機會對教案進行了修改，基本達到了日本小學的教學水準。

四、規律與時間

參照日本的小學，確定了教授科目，年級也做了編制，學校漸次有了秩序。於是在規律訓練方面也開始逐步加強，所採取的方針，就是令學生在不知不覺中形成習慣。

第一步，通報上下課的鐘，要嚴格按照時間敲響，不能有些許延誤。一俟聽到鐘

[2] 原文「愈家街」似應為「黃家闕」。

聲，我立刻起身前往教室，沒有片刻耽擱，而其他教習亦緊隨其後，學生們也逐漸習慣。下課鐘聲一響，我便立即結束授課，離開教室。中國教師通常會拖延課時，哪怕片刻，以示熱心授課，蓋因中國人向來喜好此一風氣。在我看來，這是將授課當做買賣，是一種形式上的因襲，於是不顧他們的想法意圖，只按自己的信念行事。這一注重規律的原則，似乎在其他方面亦帶來了良好的結果。

五、學生與學生

無論在哪個國家，年幼的孩童通常都是天真可愛的，而我覺得中國的少女尤其天真爛漫，樂意跟人親近。另外，在日本的女學校，高年級學生通常也像大人一樣對待比自己低一年級的學生，如姊姊一般照顧她們。而中國的風氣更是長者帶頭，照顧幼小者。三、四十歲的婦人在學生之間宛若母親，二十歲上下至十六、七歲之間的年輕女子便是大姊姊和姊姊，而十二、三歲至八、九歲之間的女孩便成了妹妹和小妹妹，全校學生恰似一個大家庭一樣和諧相親。如此一來，當相互之間稱呼時，對年長者便稱姓氏，而對年少者則叫名字。比如，假設有位女生名字叫樓貴靜，如果她屬於年長者，大家便稱呼她樓家姊姊，而如果她是年少之人，大家便叫她貴靜妹妹，諸如此類。

學生之間相處坦率而沒有隔閡，比如，她們當中有的人詼諧逗笑，擅長模仿，即便她們模仿別人的動作習慣、唱歌如何跑調等等，都是當著本人的面無所顧忌地演示，而絕不會鬼鬼祟祟地在背地裡嘲笑別人。因此被模仿的人也不會心生反感，只是當做一場滑稽玩鬧一笑置之，而不會一直懷恨在心。

課間休息時，我率先到運動場上去，努力促使學生盡可能活潑地運動。然而，令人歎息的是，多年因循的習俗，導致小腳的清朝女子（纏足僅限於漢人的上流社會，滿蒙無此習慣）無法自如地運動。儘管學校遵照校長吳先生的意見，讓所有纏足的學生放足，然而業已被束縛過的雙足不可能猛然間伸展發育，學生們個個步履踉蹌，被人攙扶著以免摔倒，而攙扶別人的人同樣東倒西歪，好似一群初學滑冰的人。於是我的一雙大腳——其實不過是普通大小——竟然成了她們羨慕的對象，也實在好笑。

六、我與學生

學生們之所以羨慕我的大腳，終歸是出於信任的緣故，假如是路旁素不相識一婦人擁有一雙大腳，恐怕反而要被她們嘲笑了。如今她們完全信任我，相信我之所作所為都是正確的，竟至努力模仿，而這恰恰是我害怕的。有一次，我臉頰上垂著一綹鬢髮，有些學生看到後，或許認為我是刻意為之，於是其中的三、四個人便特意抽出一綹頭髮弄成鬢髮，而那頭髮原本是用南五味子[3]精心梳理過，一絲不亂的。

還有一次，有個學生唱歌考試時因走調所以得分很低，她一看到成績表便來找我，懇求我道：「我唱歌太差，很苦惱，以後請先生每日課後教我。」通常女學生的習慣是不認為自己能力欠佳，而動輒背後議論教師打分不公平。因而，我對這位學生平和、不自以為是的態度心生好感，立即答應她的請求，決定翌日起便在課後給予指導。

如此一來，課後許多學生擠到我房間裡來，將我團團圍住，幾乎動彈不得，或者唱歌，或者編織毛線，歡樂開懷。此時，如聽到她們嚷嚷著「一個洞洞三針」（南方話）之類的中國話，便趕緊用日語教她們說：「一個眼織三針」。置身於這些純真無邪的女孩子們中間，每日課後的許多時候，我的小天地裡便歡聲笑語飛揚。

七、宿舍

位於花園街的舊校舍被用來做宿舍，共分成十五個房間，除了舍監室、食堂、梳理頭髮室和盥洗室之外，其他均兼做自修室和寢室。寄宿學生六十四人，由校長夫人和舍監直接負責進行督導，我也分擔職責，學生凡事均可前來找我問詢商談。

3　常綠蔓生灌木，夏季開白色花，秋季結紅色果實，莖中黏液自古作鬢髮油使用。

每個寢室指定一名室長，由年長者擔任。同舍學生相互之間與其說沒有爭執，毋寧說是和睦，大家融洽相處，宛如一家。寄宿學生生活安排：早六時起床後，立即帶上用具到梳理頭髮室，編結好的頭髮朝下垂，用南五味子將所有鬢髮妥貼抿緊，一根不許外露。有的人要綰髮髻，而通常在二十歲之前，要編一根辮子垂在背後。年少者由年長者幫忙梳頭編髮辮，之後再去洗臉，然後整好衣裝吃早餐。

中國通常習慣一日兩餐，而我們寄宿生實行三餐制。七時半，集合後一起前往學堂。離開宿舍之前，大家各自將喜食的茶點或水果名稱寫下，附上購買的錢鈔一起交給舍監，舍監自會打發人去買，待學生回來後已照樣買好。

學生離開後，巡視宿舍會發現，被子的折疊及物品的擺放等等井然有條，不時前來訪問的日本人士，看到這一情形往往感慨不已。其實中國自古宣導「禮儀三百，威儀三千」，修飾外表，注重形式乃中國之一大特點，亦不足為奇。我參觀過的其他三、四所學堂，同樣都是外表整然有序。

午後四時，學生們一回到宿舍，便從舍監那裡取回先前託付買好的茶點，提來茶壺，好似酒家晚酌一般，且飲且食，心無旁鶩，煞是快活。雖然日本人也有間食[4]的習

4 非正餐時間都叫間食，包括下午茶、宵夜、零食等等。

慣，而中國人尤甚。喝茶之多令人驚歎，甚或擔心會否傷害腸胃。然而於她們而言，禁食茶點如同要了她們性命一般痛苦，只好任之由之。但是，凡在校期間，即便課間休息，也嚴禁間食。並且，這點最初實行時頗為困難，煞費苦心的結果，終至嚴格奉行。

下午六時晚餐，之後管風琴伴奏唱歌，盡情歡樂。七時至八時半為自修時間，學生各自學習。由於還有年幼的孩子，也未過嚴管束。然而，到了規定的時間，她們並未現出厭倦的樣子，仍舊伏案讀書。中國人皆喜出聲朗讀，自修時之嘈雜無可言狀。那些可愛的幼童，朗讀未幾便唱起歌來，不久又開始打瞌睡，接著，竟然將粉紅的小臉伏在桌上酣然睡去。由於這些年幼的學生，經常由年長學生悉心照料就寢，倒也不曾感冒。八時半自修結束，學生們整理好所有書籍和文具等等，一律就寢。

每週照例有一次練習語言的談話會，學生們相繼登上講壇，面對一屋子的人，毫無懼色，侃侃而談。我深深嘆服於她們儀態之沉著篤定、表述之流暢以及內容之完整。

隨著高年級學生日語的漸次嫺熟，我對她們增加了在衛生方面的要求，還督促她們勤換洗襯衣等等，令每個人都注重清潔，最終達到服飾整潔雅致。隨著學生們衛生意識的提高，就餐時用手擤鼻涕之類不雅觀的舉止也銷聲匿跡了。

八、最早的日本女教習

當我離開橫濱大同學校，準備前往中國時，下田先生曾對我說：「你是第一個從日本過去的女教習，務必勤勉努力，這關乎日本婦女的聲譽。」朋友們也都以相同含義的話語激勵我。我儼然代表日本女性出使外國，又好似出征的勇士一般，揮別送行的人們，明知不至於此，卻又無可奈何，唯有秉持「鞠躬盡瘁，死而後已」這一信念。告別師友親朋，踏上中國的土地之後，這份信念夢寐不忘。然而，每當午夜夢迴，或清晨醒來，思索著「作為第一個日本女教習，該如何取得成功？怎樣才能真正獲得中國人的信賴？」之類的問題，便憂心忡忡。

因而，到達上海不久，我便決意住在城內。說起中國的城市，諸如北京、南京及上海等，全都被高高的城牆圍繞著，而外國租界設在城外，但是租界的道路平坦，建築物宏大壯觀，衛生設施完善。與此相反，一旦進入城內，其骯髒和令人不舒服的情形難以言表，如不掩鼻，幾欲被惡臭熏死，如不閉上眼睛，汙穢之物令人嘔吐。上海城內沒有自來水，沒有澡堂，沒有花草樹木，連日常的食物都很匱乏。目之所視，鼻之所嗅，肌膚之所觸碰，盡是骯髒、汙穢、泥濘、惡臭以及流行病。因而，據說以往二十年間，住在城內的外國人僅只一兩人，他們出於某種需要，短期內嘗試一下，此外絕無僅有。更何況外國婦女住在城內，據說前所未有。

而我這個日本女子，之所以決心第一個住進城內，無非是考慮到學堂既已設在城內，而學生泰半都是寄宿生，只有與她們共同生活，才能真正成為向她們傳播愛與理解她們的人。我作為唯一的女教習，如果嫌髒而單獨住在城外，則無論我如何熱心授課、如何誠心訓導，都無法獲得她們發自內心的信賴。如果我身為教習而失敗了，則不惟我自己不光彩，還關乎日本婦女的名聲。每當我回想起臨別之際，師友們對我說過的話，什麼骯髒也好，惡臭也罷，都渾不在意了。我鼓起勇氣，毅然住進城內。

然而，由於在上海僅僅執教一年，我便辭職遠赴內蒙，因而實際上難以做出多少貢獻，只是由於校長與諸位教習的熱忱以及時運所致，使得學堂大獲成功，不出半年，學生人數過百。而這所學堂的成功樹立了榜樣，各地又開設了好幾家由東洋人經辦的學堂。如今，不少務本女學堂的畢業生擔任了教習。因此，可以說在清朝女子教育的發展史上，務本女學堂是應當被大書特書的學校。

第三章　南中國一瞥

一、東洋首屈一指的上海港

從吳淞沿著揚子江的支流黃浦江逆流而上，將近二十公里便是上海，其繁華昌盛當推之為東洋第一，蓋因中國沿岸，福州以北諸港口及揚子江一帶的進出口貨物，皆須經由此港之故。市區人口逐年增加，外國租界內高樓大廈鱗次櫛比，甚至遠超歐美之大都會，商業交易之興盛，真正令人驚歎不已。因之，金融機構之類的設施也很完備，除了中國原有的以外，由外國人開設的也為數不少，主要有中國通商銀行、橫濱正金銀行、花旗銀行[1]、法蘭西銀行、寶興銀行等。居住在上海的外國人，除了自主經商之外，也有人作為技術人員被聘請到工廠等處，另外以傳教士居多。

1　原文「美國銀行」，似應為「花旗銀行」，推測作者只是採用了國家名稱。

目前居住在上海的日本人總數為二千零五十九人（男性一千三百四十五人，女性七百一十四人），在華團體有日本俱樂部和上海日本婦女會。輸入上海港的日本產品主要有：絲帕、棉綢布、銅、雅羅魚、海帶、胡蘿蔔、醬油、黑海參、干貝、魷魚乾、魚翅、瓊脂、洋傘、日本酒、燈具、鐘錶及其他日用品。另外，由上海港向日本出口的商品有：棉紗、豆沙餡粘糕餅、白黃豆、豬鬃、棉花、麻、牛皮、桐油、紙、茶葉和雞蛋等等。

二、城外的文明設施與城內的骯髒醜陋

在黃浦江棄船登岸，經過棧橋直接進入美租界，便首先接觸到東洋第一大商埠——上海的一部分。令人高興的是，在這裡可以看到飄揚的日本國旗。

往南走，過了花園橋，便進入英租界。但見街衢整然，高樓林立，馬車、人力車、自行車來來往往，絡繹不絕，一望而知，這裡便是商埠的中心。在此令人感覺奇怪的是，站在各個十字路口，指揮車輛左側行駛的印度巡捕，原本一張臉黝黑泛光，再加上一口白牙就已經不同尋常了，腦袋上竟然還有一塊紅布層層纏繞，愈發顯得駭人。

黃浦江沿岸是一個大公園，花紅似火，綠樹成蔭，那裡有一座音樂堂，每週演出一次。遊樂場裡有各種運動器械，附近的風景亦佳，僑居的外國人為了消除一天工作的疲

勞，自傍晚時分起便相攜聚集此處消遣。但令人同情的是，由於中國人不講衛生，不守規矩，所以被禁止進入此公園，據說有些中國人對於此一禁令頗為憤慨。英租界既是商埠的中心，同時也是文明的中心，據說歐美的文明，其外在形式亦不過如此，足見上海英租界的建設是何等完善。

離開英租界往南去，便進入法租界。較之英租界，這裡的街道相形見絀，愈走愈強烈感覺到已遠離繁華街區而來到了城邊，即便如此，物質文明之繁華仍隨處可見。然而，再往南走幾步，到了上海城的北大門，眼前情形的急轉直下難免令人大吃一驚，那種感覺，簡直就像離開花園，進了垃圾場。

花園與垃圾場以北大門為界而毗鄰，二十世紀的文明與十五、六世紀的野蠻時代，僅僅一牆之隔的不協調情景，若非親眼所見實在難以置信。由破舊的石牆和汙穢不堪的水溝環繞而成，周長二日里[2]的城內，房屋低矮破敗，臭氣薰天。由於街道逼仄，車輛無法通過，除了坐轎，只能步行。石板鋪就的道路還算不錯，然而路寬不足三公尺，加之各個路口污水橫流，其骯髒的情形無法言說。當碰到有人挑著髒東西走在這狹窄的路上，走路時實在難以避免不蹭到你的衣服。並且，四處堆滿了垃圾，黑乎乎的蒼蠅聚集

2 一日里約為四公里。以下日里單位，恕不一一標注。

成群，人一旦靠近，便「嗡」地一聲四處飛散，與此同時，一股惡臭奇臭撲鼻而來。惡臭奇臭尚能容忍，而當你眼見那伏臥路邊，奄奄一息的病者正在痛苦掙扎的情景，心腸柔軟之人心何以堪？

如此情景卻並不少見，每當夏季，流行病蔓延時，每日死去的人數當以百計吧？甚至令人奇怪，儘管環境如此惡劣，夏季裡，城內還有居民得以倖存。有人失去了父母，有人失去了妻子，有人失去了兄弟姐妹，如此年復一年，每年不知有幾千人離開人世。然而他們非但不會因此更加醒悟、更加注意衛生以及預防流行病，反而製造了這一切。長久以來，城內沒有自來水，隨便挖個井，也不用井蓋，而且任污水濁水流入，這是唯一的飲用水水源。最近終於鋪設了自來水管道，路邊主要場所設置了公用水栓，然而，由於居民打水或者在蓄水時不夠注意，常常有塵埃或小蟲之類的東西混入其內。對於毫無衛生意識的居民而言，好好的自來水，要有效加以利用似乎也是困難至極。

倒是只有食物是衛生的，因為當地人習慣燒熟再食用。因此，一日三餐（中國人通常每日兩餐，學堂實行三餐制）我可以安心食用，但除此之外，零食一概不食。口渴時大抵忍耐，極度難忍之時，便以水果解渴。其結果是雖然居住在夏季病患不絕的城內宿舍，我卻全憑自己而得以保持健康無恙。

時常見到外表裝扮光鮮的中國人，對於觸目所及的髒汙惡濁卻不以為意，對此我頗感費解。中國古語有云：「近朱者赤」、「蓬生麻中，不扶自直」，然而中國人多年接觸歐美文明，卻依然故我，實在不可思議。

三、持有四張通行證的車夫

居住在城內，感覺最不方便的就是洗澡，根本沒有公共澡堂。通常每天早晨，我用溫水擦拭一下全身，如此終歸不能如意。於是，每週六、日兩天我便前往小田切總領事的官邸叨擾，沐浴加上享用他們款待的日本料理，還有跟他們可愛的孩子們無憂無慮地嬉戲玩鬧，這一切成為我無上的享受。正因為每日忍耐著不便利、不自由的生活，所以，去小田切先生家做客，才會令我感覺格外快樂，幾乎每週都去，不肯錯過。為了享受這一快樂，我排除萬難，一般的事情都可以犧牲，棄而不顧。然而，路上乘坐人力車的不便、車夫的貪心，卻實在令人頭疼。

日本總領事官邸坐落在上海北端，美國租界的北部，而上海城位於上海港的南端，並且我居住的花園街又在城內的南端。要前往領事館，必須經過中國區域、法租界、英租界，最後進入美租界。可是按照規定，車夫須持有各租界的通行證，因此，要直接通過所有區域，就需要持有四張通行證的車夫。然而，大多數車夫只有一個區域內的一張通行證，於是，情況最糟時就只得換四次車。本來換乘就很令人厭煩，加之中國車夫的貪心，每次換乘都要被他們蠻橫地敲竹槓，實在不勝其煩。敲竹槓尚可忍受，可要是一幫無賴的中國人聚攏起來，瞬間圍成人牆，最後一齊謾罵叫嚷，卻著實令人難以忍受，甚至害怕危及性命。距總領事官邸將近二日里的路程，當時車資一般在十五文錢左右，可我被索要一圓[3]也不稀奇。跟這種可惡的車夫講什麼已談好價錢啦什麼道理呀，統統不管用，最終有威力的就是鐵拳及拐杖，然而我一介女子，這些全不具備。據說男人乘車，視其有無拐杖，車資會有二、三成之差。

一定有人奇怪，二日里左右的路程，何不徒步走去呢？清朝的風俗，上流社會的婦女根本沒有單獨步行的。如果我獨自行走的話，會被當成風塵女子，反而招致更多侮辱。欲返回學堂，有時領事夫人會幫我雇到持有四張通行證的車夫，有時也會派馬車送我，彼時我彷彿乘坐大船一般，內心特別踏實。

四、清朝人與商業

中國清朝的商人們，可謂敏於發現商機，亦善於謀利。一旦經商，便奉行萬事從簡、厲行節約的宗旨，期冀日後的成功，忍耐眼下的不便與不自由；為了將來的利益，

3 圓：因清末民初時期貨幣制度混亂，此處「圓」可能指日元，亦可能為銀圓。以下不一一標註。

即便犧牲眼前之快樂亦在所不辭；並且，如果雙方利害一致，常能實現雙贏。例如：當某人打算租賃店鋪開始營業，如果覺得單獨租一間，房租負擔過重，就會將店鋪一分為二，一半租與他人，以期減少房租金額，諸如此類。如此一來，大家共同忍耐狹隘逼仄而減輕負擔，而且兩家商品合一，也會顯得很興旺。

儘管中國作為一個國家，已然淪落至今日之悲慘境地，國運式微，境內重要之地均遭受列強瓜分侵佔，然而中國人作為個體去經商，卻依然四海之內，宏圖大展，蓋因其精通商業之道是也。不單單是精通商道，據說注重商業道德，亦是成功之一大要素。他們敏於發現商機，當機立斷，而且勤勉不懈。涉及買賣協議之類，講求刪繁就簡，並且，一旦簽訂合約，絕不違反，所謂信義堪比磐石堅。如此一來，即便金錢交易高達數十萬圓之巨，交易雙方也不過站在那裡，簡短交談片刻，再立個簡單的字據即可。由於不曾出現過違約的情形，故歐美的大實業家亦可放心與之做生意。中國人商業成功的秘訣，實則在於此矣。

五、清朝習俗（三）

中國人通常都很敬惜字紙，假如是寫著字的紙，哪怕只是斷簡零墨，也視之為神聖，絕不會棄之路旁，而是一律焚化，然後將灰燼貯於罐中，通常要待到每年固定的吉日抛入大海。因此，村鎮到處設有燒紙堂，並且，寺院佛堂都常雇一男丁，巡視院內及周邊街道，將散落的廢棄字紙撿拾收集，之後在燒紙堂焚化。然而，他們尊崇的只是漢字，如西文字母之類的夷狄文字，則任由人馬踐踏。可以說些微小事，卻足以成為體察他們自尊心之一例。

在我們日本，俗稱千年鶴萬年龜，龜是長壽吉祥的象徵，在中國，古時也將麒麟、鳳凰、龜與龍一同視為吉祥的象徵。然而，如今的清朝人不知出於什麼迷信說法，卻將龜當做最不吉利之物，通常甚是忌諱，他們俗稱龜為「忘八」，此乃忘記「仁義禮智忠信孝悌」八德之謂也。從事中國貿易的人，無視當地習俗，而是按照日本人的思維，堅信龜乃吉祥之物，遂將龜的形象用於印染或紡織，或者用做商標等，殊不知在拓展銷路時，因此而招致幾多損失。

由於清朝人注重儀表體面，故與他們交往時，我們也不能不相應地修飾一下。一些日本人自詡為中國人的指導者，認為必須破除固有的陋習，雖然沒有人會故意不修邊幅，卻在理論上反對講究氣派。由於他們實際上心存蔑視，所以在與中國人進行商業交易時，很難取得好的效益。

在中國居住期間，有時我去郊外散步，會看見茫茫一片蒿草的荒原上，分佈著大大小小的土饅頭，而且還可以看到，其中有一些用磚瓦砌成的長方形的小祠堂，或者塗漆的帶蓋子的長箱子橫放在那裡。那些土饅頭、小祠堂還有帶蓋的長箱子，都是用於盛殮逝者遺骸的。其中，土饅頭在日本也有小型的，並不稀奇，至於小祠堂以及帶蓋的長箱子，卻令我頗感奇怪。原來帶蓋的長箱子是棺木，小祠堂則是有錢人為厝置家族亡者之靈柩而蓋的週邊建築。如此這般，將棺木放置野外，沒有遮蔽之物，而是任憑風吹雨打，一年或兩年之後，將擇日掩埋土中，並非挖坑深埋，這就是那些土饅頭何以如此之大的原因。將盛殮逝者遺骸的棺木置於野外，任由雨打風吹，這種方式，會令人覺得不合乎人情義理，很殘忍。然而，他們的想法卻是：對於逝者的離別之情綿綿無盡，若一兩日便下葬土中，生者於情不忍，對逝者而言則有悖情理。另外，據說靈柩搬運至野外之前，通常暫厝家中五天或七天，有身分地位之人四十九天，以便家人盡哀悼之儀，此乃孝道。而此等習俗，如今僅只一種形式而已。

六、服裝

清朝男女服裝均為筒袖，因為大襟寬襟的緣故，使得衣領都很緊，因此，即便男子服裝也不顯露頸部和胸部。並且，由於女子著長褲或長裙，男子的馬褂長過腰部，故坐臥之際均不露腿。另外，不像日本服裝那樣使用衣帶，而是用盤扣或紐扣將衣襟繫好，所以並不感覺拘束，行動也很方便。從衛生和實用的角度來看，這種衣著，可以說無可挑剔。

服裝面料為綢緞、棉布及麻等等，冬天在裡邊加上狐皮或羊皮等襯裡，以此禦寒，而極少像日本人或歐美人那樣，使用壁爐火盆之類。這恐怕是由於通常燃料缺乏，而需要靠衣服直接禦寒的緣故吧。

棉布一年四季廣為使用，而麻僅限於夏季，綢緞大多用來做比較正式的衣服。綢緞只選用蘇州、杭州及南京附近的綢緞料子，幾乎不用外國貨。

中國人雖然不太注重面料的圖案設計，但往往講究顏色。年輕人和一小部分婦女會穿帶條紋的衣服，而中年以上的男女，不拘家常衣服抑或出門衣裝，要麼是上下顏色單一，要麼是上下顏色各異，僅僅是注意顏色的搭配而已。然而，綢緞類的布料，多為與質地相同的緹花織錦或者縐綢。不過，清朝人即便年歲大了，也喜穿色澤鮮豔的緹花衣服，打扮華麗。

七、食物

清朝人習慣一日兩餐，南方兩餐均食米飯。通常早餐大約在九點到十點之間，晚餐在下午五點前後，據說有些地方會在晚上十點左右，再吃一回夜宵。

主食為米飯和麵食，麵食做法甚為多樣，不似米飯之單一。其中既有和日本做法一樣的素麵、餛飩及蕎麥麵，還有稱之為切麵的。其他大多類似於各種饅頭，不加餡兒的就稱作饅頭，包入肉餡兒的稱作肉饅頭、煮餑[4]。底層百姓的主食通常麵食多於米飯。

清朝人為肉食者，故肉類的烹飪方法豐富多彩。他們最喜食的肉類有雞肉、豬肉、牛肉及羊肉等等，鳥類中當屬鴿子。雖然也吃魚，但烹調方法到底不及咱們日本。不過，魚翅卻不會丟掉，而採用特別的方法，將其做成美味。肉類當中的牛肉許多人吃不來，特別是女子大率屬於此類。燕窩（即燕子的巢）乃是中國料理中最高級的一道菜，十分昂貴。

蔬菜類包括白菜、白蘿蔔（蘿蔔的一種）、胡蘿蔔、蔥以及冬菜等等。

烹飪方法分為：蒸——以蒸氣加熱；炸——用油炸熟；煮——先煮，然後再放鹽或醬油調味；燉——煮至爛熟；燴——加入醬油，煮熟後勾上澱粉；炒——用油炒；溜——將油煎過的東西用澱粉勾芡，等等，各自都有特別的味道。然而，通常只是將肉用香油炒，再放鹽或醬油調味；或者將肉和蔬菜切碎，一起煮熟。調味多用雞湯或豬肉湯，極少放糖。

清朝廚師中高手很多，其菜譜和烹飪方法，實在極盡此道之妙矣。他們最大限度地

---

4 肉饅頭為中國南方稱謂，北方叫包子；古時稱餃子為「煮餑」。

利用烹飪材料，甚至可以說，在烹調結束後幾乎沒有該丟棄之物。並且，由於他們平素奉行節儉之道，故炊具之類也因此而頗見匠心，炒菜鍋及煮飯鍋的底部都做得非常薄。究其緣由，蓋因中國薪炭匱乏，故價格偏高，於是人們多採用柴禾、枯葉、稻草或者麥稈之類作為燃料，若鍋底太厚，就很不經濟。

八、高等師範校長嘉納先生來訪

秋風蕭瑟，天涯羈旅；遙念故鄉，情何以堪？明治三十五年十月九日，正當我伏案給故鄉的友人寫書信之際，恰好收到小田切總領事的來信，我急忙展閱。信中寫道：「明日，高等師範學校校長嘉納治五郎先生，擬參觀學堂並訪問貴處，乞諸事給予方便為荷。」這是何等令人欣悅的消息啊！我眼前頓時浮現出先生和藹慈祥的面容。

那一夜，我感覺自己好似無人荒島上孤獨的囚徒，因企盼著海浪間浮現的一點白帆，遂踮起足尖，引頸翹望……就這樣進入了甜美的夢鄉。十日早晨醒來，天空低沉，烏雲密佈。我翹首以待，一有聲響心就狂跳不已。上午十點，先生在翻譯的陪同下終於蒞臨我校。我的心境好似迎接自己慈愛的父母雙親一般，內心充溢著歡欣喜悅。

那時我前來任教才剛剛一個月，雖然心裡沒底，還是讓學生們演唱了一首日本歌謠《錦繡春日》，以期撫慰先生旅途中的思鄉之情。先生甚是欣悅，之後仔細觀看了教室和宿舍等處，還讚歎道：「雖開設時日尚淺，學堂竟是如此齊整！」聞聽此言，我欣喜有加。轉瞬間，就該跟先生道別了，聽著學生們異口同聲地用日語高聲說著「歡迎您再度光臨」，先生言道：「未曾料想會聽到她們講日本語，甚感快慰。」先生離去時，十分欣慰的樣子。究竟先生欣喜快慰之情，與我寂寥秋風之際，他鄉幸遇故知之所感，孰甚？

九、秋之日記摘抄

明治三十五年十月十一日　與小田切總領事夫人一起前往楊樹浦，觀看駐守部隊士兵的演出。首先映入眼簾的是迎風飛揚的太陽旗，這比任何東西都更能慰藉我心，感覺如同看見了幾千里之外的故鄉。

十月十四日　今日，上海日本婦女會籌備會議，於總領事官邸舉行。

十月十五日　與小田切夫人一同參觀位於法租界的法蘭西學校。該校只招收中國下層社會的女童，施以教育，學生數量百餘名，此外還為僑居上海的西方學童開設了教育班。教員均由傳教士擔任，據說有人已在中國居住長達二十年。只有抱著如此埋骨異鄉的決絕之心，方能獲得教育事業之成功，其勇氣與熱情令人感佩至深。

十一月三日　今日是天長節[5]，領事館與駐守部隊聯合舉辦了盛大的慶典，而我因故未能前往，不勝惋惜。日本僑民的慶賀儀式，上午在領事館舉行，同時接受外國人的祝賀。宴會下午舉行，據說晚上設晚宴款待西洋賓客。

十一月二十日　小田切總領事夫人、領事館工作人員以及正金銀行職員的太太等人，前來參觀務本女學堂。他們固然欣喜於學生學業的進步，卻對城內的不衛生狀況相當無奈。據言，前來途中，因街道狹窄，當身後運送垃圾的男子欲超越前行時，眾人無所退避，不得已，竟提起裙裾一溜小跑。

十、學習日語的外國人

明治三十五年十月二十九日，臘月的寒風凜冽，街道上除了零零落落的枯木之外，見不到一個人影。我出了上海城，往西邊走，穿過冰凍的田野，經過冷寂的林園，迤邐而行二日里左右，到達一個安靜的所在。但見冬日照疏林，犬臥大門邊，耳畔傳來屋後的雞叫聲。我按下門鈴，出來一位中國男僕，我遞上名片，隨後出來一位美國女子，面帶微笑，領我到了樓上的一個房間。她就是我初次見面的朋友，戴薇小姐。面對著窗外

5　日本節日之一，紀念日本天皇誕辰，一八六八年制定，二戰後改稱天皇誕生日。另有「地久節」，日本皇后誕辰日舊稱。

雅致宜人的自然風景，我一邊品味著紅茶，一邊傾聽眼前這位氣質高雅的美國女子那令人愉悅的言談，這樣的交談久違了。

戴薇是美國波士頓人，與這家的女主人艾斯柯夫太太是摯友。此次由於艾斯柯夫太太的雙親漂洋過海，不遠萬里前來中國探望愛女，而戴薇也想看望好友，便藉此機會一同前來。這對老夫婦計畫五月初離開上海，踏上歸程，而戴薇將在四月初，先於他們獨自前往日本，在日本遊覽一個月左右，然後與老夫婦在橫濱會合，一同返回波士頓。為便於在日本旅行，戴薇希望我教她學點日語。為了短短一個月的旅行之便而學習外語的執著，委實難得可嘉，我對此深深理解，於是特意抽出自己有限的時間，與她約好以後每週一、五前來授課兩天，隨後告辭。出了大門，我眺望著茫茫無際的曠野，但覺心曠神怡。

一月份過去了，二月份也結束了，我風雪無阻地過來授課，而這位令人欽佩的旅行者也不負所望，到了三月底，學習成績超過了預期，戴薇的日語業已達到相當程度，縱使獨自旅行，估計也不會感覺不方便。

當田裡的麥苗已長出寸把高，頑皮的孩子們在草色返青的原野上撒著歡兒，天空雲蒸霞蔚，大地一派盎然春意之際，戴薇即將踏上旅途，去往我眷戀的祖國。分別之際，她用日語對我說了如下一番話：

中國城內太髒了，我捂著鼻子去的。我為你擔心，請多保重。三、四年後美國見吧，再見！

十一、上海日本婦女會

僑居上海的日本婦女有七百多人，其中屬於上流階層的大約五十位左右，她們是供職於領事館、銀行及各商社人員的太太。明治三十五年十一月，以這些婦女為中心組成了一個團體，稱之為「上海日本婦女會」，確定其宗旨如下：

本會俾日本婦女厚其德，益其智，健其體，共同弘揚光大，恪盡女子本分。

主要成員：會長——小田切總領事夫人；副會長——橫濱正金銀行分行行長的夫人長太太；幹事——日本郵船會社的水川太太，等等。我也是幹事之一，雖力有未逮，卻傾盡綿薄之力。每月第二個禮拜二的下午兩點，婦女會在美國租界內的本願寺[6]舉行例

6 本願寺（為區別於後建的東本願寺，通稱為西本願寺）上海別院位於上海虹口區乍浦路。日本淨土真宗本願寺派，是日本佛教最主要的宗派之一，創立於一二七二年，在日本各地共設五十多所別院，信徒眾多。一九九四年，位於

會，每次有三十五、六人出席。

在這些會員當中，許多人要嘛有很多小孩，要嘛家事繁忙，但儘管如此，大家依舊擠出時間，或者跟隨西洋人學習外語，或者請他們傳授該國的縫紉及編織方法等等，更多的人即便不請教師，也各自鑽研一些學問技能。於是，在當天的例會上，會員們紛紛談論各自鑽研的業務，相互傳授其方法。期間，自然也會涉及種種與家庭相關的話題，諸如衛生、育兒、烹飪等等，彼此獲益匪淺。

而且，大家提出了許多建議，諸如：由於會員們都缺乏戶外運動的機會，今後婦女會還應添置一些運動器械等設備，鼓勵大家多多運動；還有，希望每次例會能邀請知名人士，舉行有益的演講等等。如果這些建議能夠被採納，今後本協會無疑將對上海的婦女界做出貢獻。

日本京都的西本願寺總本山被聯合國指定為世界文化遺產。

第四章　南京之行

一、前往內蒙的曙光

懷抱著如春日大海一般的希望，我來到了中國，歷經一年寒暑，轉眼到了明治三十六年的夏天。前兩章敘述了這一年裡，我在務本女學堂的職責、我偶爾的一些見聞及所感。而這一年間的經歷，竟然超過了以往十幾年我在日本的經歷，足以激勵我，使我變得堅強。雖然這支拙筆無法盡述我的心境，然而，隨後將要展現的我的命運——索性稱之為「命運」吧——之轉變，就在這不言不語的靜默之中，透露出其中的訊息。

此前，內蒙古的喀喇沁王爺曾極其祕密地前往日本，觀看在大阪舉辦的國內勸業博覽會，同時考察一下普通的日本國情。王爺素來睿智開明，在他有所感觸的諸多事物當中，尤對教育一事深為留意。在回國途經北京時，王爺拜會了日本駐中國公使內田康哉（伯爵），講述了在日本的種種見聞，同時表明，王府打算在喀喇沁也開辦一所女學堂，實施日本式的女子教育，請求內田公使介紹一位合適的日本女教師。這番請求於日本而言，可謂正中下懷。原因何在？當時日俄之間的形勢劍拔弩張，正所謂山雨欲來風滿樓，而內蒙古的喀喇沁所處的地理位置，恰好是日俄兩國勢力相接觸的一個微妙所在。雖然伊藤大尉早已被派往武備學堂擔任教官，但由於他的軍人身分，一旦日俄開戰，需要立即撤回日本國內。因而就要物色一個取代他的人選留在當地，擔當北京與內蒙腹地之間的聯絡工作，並且還要繼續維持王爺對日本的好感。究竟該怎麼辦呢？正當內田公使為此而絞盡腦汁之際，聞聽王爺之言，內心深為欣喜，決意讓這個女教師實際上代替大尉，執行聯絡及其他祕密任務。與其他兩三個人祕密商議的結果，早在上海從事清朝女子教育的我被選中。於是，小田切總領事隨即接到密報，我被招至北京。

歷經大同學校及務本女學堂的教職，我積累了若干經驗，也建立了些許自信，而今，我立志於清朝女子教育的夙願，眼看就要進入第三個階段，終於要步入已沉睡數千年，如今即將醒來的內蒙古。其他種種，我有口難言，有筆難敘。然而，只不過是暫且不言不敘罷了。

二、南京紀行

距離北上還有一個多月，我決定利用這段時間，去南京尋訪一下古蹟。十月二十三日，我與信濃同鄉的一對夫婦一起，於晚上十點登上了大利丸號（載重一千三百十五噸），這是上海與漢口之間的定期客輪。為等待適宜的潮水，直至翌日凌晨三點，客輪方始起航。

早晨六點多醒來，隨後到了甲板上。今天是二十四日，天空晴朗，客輪已在沿著長江幹流溯流而上。放眼望去，但見大江滔滔，水天相接，宛如航行在日本的東京灣內，雄大而遼闊。

上午十點，客輪經過通州。這一帶，水際蘆葦叢生，水牛悠遊其間；江上小舟泛清波，岸邊撒網捕魚忙。好一幅自然風景畫卷！下午四點過後，江面愈行愈窄，再往前走，可見左岸山岡上，有幾座炮臺以及城牆。這便是號稱長江第一關[1]的江陰縣縣城，曾在此設置過副將營[2]。

六點鐘船過泰興，夜幕已然降臨，渾濁的水流亦看不清顏色。一彎明月將清輝灑落在浩淼的江面上，詩意盎然。客輪比預定時間要晚到達，行駛速度不快。更深夜闌，經過鎮江時，人已在夢中矣。

二十五日，天晴，早晨六點半到達南京，換乘小舟上岸。一眼望去，城外已是一派

1 經查閱相關資料，並無此一說，值得商榷。

2 曾國藩曾創建水師營，「江陰設副將，屬瓜洲鎮前營，分防自江陰以下江面。」——《清史稿》。

純粹的中國風光。我看慣了上海的歐式景致，感覺這是初次見到中國的本來面貌。尤其欣喜的是，我看見山了，而我已經一年沒看到了。假如沒有山，自然風景便不足以賞心悅目。

一行三人同乘一輛馬車，由城西北的儀鳳門[3]進入城內，上午十點多到達西本願寺佛堂，這裡距江岸二日里左右，我們將在此客居數日。

三、南京

南京是明朝的都城（昭和時代的今天已成為中華民國國民政府的首府），作為江蘇省省會，保留了古都的風貌。南京又名金陵，城市建於明太祖洪武二年，方圓九十清里，城牆高度將近十公尺。其雄大的規模，至今依然足以令人想見前朝明代之隆盛。

城內諸多宏偉壯麗的建築，主要有總督衙門、布政使司衙門、糧道、鹽巡道、江寧府、江南機械製造局、銀元局以及各國領事館等等。較大的學校建築，有江南陸師學堂（總教習德國人）、江南水師學堂（總教習英國人）、練兵學堂（總教習中國人）、練將學堂（總教習日本人）[4]、工藝學堂（總教習中國人）、三江師範學堂（總教習日本

---

3 今稱興中門。

4 經查證，中國歷史上無「練兵學堂」與「練將學堂」，似應為「陸軍大學堂」，為清政府的最高軍事學府。一九〇

人）、江南格致書院、江南高等學堂（總教習日本人）、金陵東文學堂（總教習日本人）、省師範學堂等等。此外還有金陵醫院、江南貢院等亦屬比較大的建築。所謂貢院就是進士考試的場所，其建築構造頗為宏大壯觀。許多人圍聚在那裡，極想進去參觀一下，卻總被以考試剛剛結束為由，說是在判卷結束之前不得入內參觀，大門甚至加貼了嚴密的封條。同行之一人心下不平，說道：「大門固然貼上了嚴實的封條，更希望考官心裡把好關啊！」嘲笑之下復覺可笑。據說當年的考生總數超過兩萬。

南京在中國的地位及其歷史酷似日本的京都，風土人情也頗為相像，有人說是「溫和但缺乏氣魄」。當時僑居此地的日本人有四十多人。

南京作為一個港口卻並不繁華，長江沿岸這一帶貨物的集散量，蕪湖位居第一，江蘇省南部的產品大多經過錢塘江口運往杭州方面，而北部的產品則通過淮河的幹、支流運進來。向外輸出的產品也很少，只有絲織品、毛皮、棉花、芝麻、瓜子以及藥品等等而已。

十月二十八日，蕭瑟秋風，寒意頗重，好在天氣晴朗，心下稍安。約上居住此地的一位太太，並請在東文學堂工作的一個人做嚮導，我們一同在城內城外尋訪古蹟。

三年清政府開始淘汰綠營，改革軍制，命兵部會同練兵處參照外國學制擬定新的軍事學制，訓練新軍及新軍幹部。

首先去看了一座明代的古營地，位於城內東北處，望著那一片荒蕪頹敗的遺跡，不由心中感慨：槿花一日榮，何處覓蟲音？深秋寒露重，天涯羈旅身。垣牆內有祭祀方孝孺的方文正[5]祠，垣牆外是王安石故居遺址，皆是破敗寥落，觀者怎忍目睹，不禁潸然淚下。

隨後我們打算去參觀明孝陵，便出了朝陽門，沿著城牆朝北去。這裡毛驢很多，西洋人去郊外散步之際，婦女也騎毛驢，而我們特意步行，一路相談甚歡。大約四十分鐘後，城牆到了盡頭。從地圖上看，這附近有三國時期吳國孫權的墓地，然而，如今已消失得無影無蹤了。

越往前走山路越多，不停地上坡、下坡，下坡、再上坡。不久來到一個半山腰，是諸葛孔明的鍾山龍蟠。我們看到，有五、六個中國女子下了轎子，近前拜謁。陵門一帶，蒿草盡情生長，在繁茂的草叢中，那兀然而立的石像，歷經風吹雨打，長滿了青苔，彷彿在訴說著往昔，令人傷感。

再往前走過三、四道門，便到達了目的地孝陵。令人惋惜的是，古老的建築，都在「長毛之亂」[6]時被毀壞了，如今甚至難窺其貌，然而，我依然為其宏壯雄渾的規模而

5 原文「文忠」似應為「文正」。

6 此指洪秀全領導的太平天國起義。太平軍以反清為宗旨，全軍剃辮蓄髮，恢復漢人衣冠，與當時滿人剃髮結辮不

震撼。站在山上遠眺，但見浩浩長江，一路穿越遼闊的大地，奔流向東。而眼前這些巨大石像的人工之美，好似象徵著自然的雄大與莊嚴，沉默的歷史更為其添加了種種意味。我們這些千里迢迢，遠道而來的匆匆過客，更是感慨良多，徘徊回顧，不忍遽離。

未幾，我們驚訝地發現已是暮色蒼茫時分，傍晚的月光輝映著古城。寒露侵衣，我們連忙踏上歸程。

三十日，照例又是我們幾個人一起出門。在水西門外的莫愁湖，只見湖面上一片枯荷殘莖，而湖邊卻不見一個人影。每當湖面泛起陣陣漣漪，便是秋風乍起時，頓感寒氣襲人。梁武帝有一首詩：

> 河中之水向東流，洛陽女兒名莫愁。莫愁十三能織綺，十四採桑南陌頭。十五嫁為盧家婦……（後略）

詩中的主人公莫愁，只是將她可愛的名字留給了此湖，而今已無由尋覓她的芳蹤，還有華嚴庵、勝棋[7]樓也均付與那斷壁頹垣。

同，看起來就是頭髮很長，故被清軍蔑稱為「長毛」，而太平天國運動俗稱為「長毛之亂」。

7 原文「勝柑」似應為「勝棋」。

繼續前行，快到苴橋[8]之時，不知何故，路邊圍聚了許多人，又吵又罵。出於好奇心，我也擠進人群，從縫隙中看去，竟然窺見地上躺著一具屍體，著實嚇了一跳。眾人的視線都集中在他的頭部和頸項，似乎在說著一些憎恨的話。我問旁邊的人：死者究竟何人，因為何事，以致下場如此淒慘，甚至死後還要遭此侮辱？他們告訴我：您不知道，這裡是刑場，他因犯罪而被問斬，並暴屍街頭。他們還說，為了以儆效尤，每天照例要讓行人圍觀數次。在二十世紀的今天，竟然還有如此殘忍的刑罰，誰能相信？然而，這卻是我親眼目睹。

出了城南的聚寶門[9]，走不多久[10]便是寺塔和雨花臺，站在臺上眺望，風景美不勝收。登上雨花臺北邊山上的北極閣，環眸遠眺，但見山下的長江洪流滾滾，渾似大海一般。東邊有鍾山，西面有石頭山，北邊城牆外的玄武湖、腳下的關帝廟、雞鳴寺以及鼓樓等等近在咫尺。由於梁武帝與天竺高僧菩提達摩曾在此對話，雞鳴寺因而聲名遠播。關帝廟供奉三國時蜀國名將關羽，又稱武廟。與武廟並駕齊驅、必不可少的是文廟，供

8 原文「苴橋」無法查證，根據路線判斷似應為「鳳台橋」。
9 今稱中華門。
10 原文為「小一里」，日里與華里難以明辨。若是日里，則將近三公里，而實際距離沒有那麼遠；若是華里就是五百公尺左右，而實際距離又沒這麼近。故此處採取模糊翻譯。

奉孔子，南京的文廟位於城西邊。雖然兩處的建築都很宏偉壯觀，然而也都破敗不堪，房頂上荒草萋萋，房前的石階上長滿了青苔。

第五章　北京之行

一、船中

明治三十六年十一月二十二日，碧空如洗，萬里無雲，我急切地盼望著快點出發。內蒙古喀喇沁福晉派來王府官吏金先生及其隨從二人前來迎接，並將一路陪伴前行。上午十一點半，我與前來送行的小田切總領事夫婦、日本婦女會的諸位人士作別，通過美國租界內英國怡和洋行（Jadine Matheson）的棧橋，登上了該公司的商船連升號。可是隨後一直在等待潮水，直至午後一點，客輪終於起錨。這艘船的客艙分成單為日本人和西洋人設的上等艙區與中國人專用的上中下三等艙區，一應用具都特別乾淨。我們的客艙區人數很少，而且日本人只有我一個，其他乘客有三名西洋女子，五名男士，加上兩名船員，餐桌旁經常有十來個人團團圍坐，十分快樂。「人間到處有青山」，以前聽過有人吟詠這句詩，而我也是到處都能找到故鄉，如今要離開上海，總覺得如同離別故鄉一般，依依難捨。可是，不久我將到達目的地內蒙，會不會又生出故鄉之感呢？

客船不久到達吳淞，從那裡一直向北行駛。黃昏時分，天空烏雲低垂，壓著海面，狂風驟起，巨浪滔天。掀起的濁浪如同小山一般，浪花不時濺在甲板上，船劇烈地晃動著。接下來會發生什麼？當人們惴惴不安之時，有兩三個西洋人似乎反倒興致盎然，非常愉快地在甲板上散步。去年是我平生第一次乘船渡海，那次的經歷讓我懂得：面對狂風巨浪，徒勞地憂心焦慮其實於事無補，此時我內心相當篤定，暗自思忖：我這個日本女子，生長於大海的國度，絕不能畏懼這點風浪而有辱國格，於是便同他們一起散步。過了一會兒，西洋女子提出，要在劇烈晃動的甲板上，跟我比試賽跑，結果我大獲全勝，非常開心。入夜，海浪愈來愈大，寒風裹挾著浪花，煞是淒壯。

二十三日，狂風伴著暴雨，無法到甲板上去，終日待在客艙內讀書。

二十四日，依舊暴風驟雨，與前一天毫無二致。

上午八點，客輪停靠威海衛，兩位西洋女子及三位外國男士，與我道別之後下了船。雨依舊下個不停，令人倍感寂寞。晚七點多，到達煙臺的芝罘港。

雨終於停了，浪依然很大。我來到甲板上，但見怒濤拍岸，咆哮嘶吼，晦暗的夜色之中，目之所見，唯有泊在港口輪船的燈光。我感覺在那漆黑的夜幕深處，藏著一個兇惡的魔鬼，頓時毛骨悚然，連忙逃回客房，鑽進被窩。

大約九點多鐘，聽到敲門聲。我問是誰，答曰水野領事派來的。聽到熟悉的鄉音，我欣喜萬分，連忙起身開門。聽了來人轉達的話，心下踏實安穩之餘，恨不能立即上岸。

我問：「浪大嗎？」

來人答道：「相當大，我好幾次都差點從小舢板裡被拋出來，極其危險。明天請您儘早上岸。」

告別之際，我託他給領事捎去口信。使者離去後，我內心祈禱著明日風平浪靜，重新在床上躺下。

二十五日，天氣晴朗，可是依然風大浪高。早七點，我站在甲板上，望著芝罘的街道，以前聽說過這裡是避暑勝地。前面有個海灣，背後是山。若是盛夏七月，山上青翠欲滴，海邊白浪翻捲，我得以在此小住時日，那該是何等快活啊！

港口內停泊著幾艘日本船，掛在桅杆上的太陽旗在風中獵獵飛舞，感覺似乎是故鄉的親友在呼喚著我，那種親切的感覺，令我恨不能飛奔過去。回到房間，心情依舊難以平靜，又幾度來到甲板上，仰望著太陽旗，如同看著思戀的人。

多少次，我滿懷眷戀，凝望著太陽旗；多少回，遙望著陸地，我怨恨這風，我歎息這浪。到了下午，碼頭的中國裝卸工們開始幹活，當我看到他們步履蹣跚而費力的樣子，不由心中膽怯，最終還是沒有上岸。下午兩點，我託船上的侍應生給領事夫人送了一封信，陳述自己的想法，四點多收到回音。

傍晚，一名西洋人領著三個男孩登上船，最大的十二歲，最終卻只讓孩子們乘船，他自己下船離開了。孩子們並未在身後追纏著大人，而是徑直來到甲板上，無視輪船的晃動以及狂風呼嘯，快活地玩耍嬉戲。晚餐後，小傢伙們卻乖乖地用心聽著留聲機播放的西洋音樂，與此前的情形迥然而異。那樣子可愛極了，我恨不能摸摸他們的小腦袋瓜兒。

二十六日，風平浪靜，碧空如洗，沐浴著久違的陽光，那一份心曠神怡啊！舉頭望去，但見波平浪靜的海面上，小陽春和暖的日光，輝映著不遠處的太陽旗。我已梳洗整理好，打算今日儘早上岸。孰料，客輪即將起航前往天津大沽[1]港。儘管我心中無限悵惘，卻終歸莫可奈何。

不久，輪船起錨離港，橫渡渤海，但見左舷岸邊，展現出一派如畫的風光。今天早晨，又上來四個金髮少女，一個十四、五歲，兩個十二、三歲，還有一個八、九歲的樣子。她們急切地跑到甲板上，興致勃勃地玩著跳繩等遊戲。我走過去跟她們說話，女孩

1 原文「太沽」似應為「大沽」。

兒們非常親昵地央求我跟她們一起玩，於是，我便加入其中，玩了一會兒，令她們十分開心。

二十七日，早七點，侍應生前來通知，客輪即將抵達大沽港，請做好下船準備。我立即收拾好隨身行李物品，隨後走到甲板上，放眼望去，今天依然晴空萬里，波平浪靜。不久，客輪在距離大沽港七、八日里左右的海面上停了下來，在這裡換乘小汽輪上岸。因為這一帶是淺灘，大船無法行駛。

換乘之際的危險與困難早有耳聞，尤其令人深感不安的是，一旦遭遇暴雨，該有多麼危險。所幸今日天朗氣清，風平浪靜，高興之餘，我衷心感念神明。不久，前來迎接旅客的小汽輪靠近客輪一側船舷，我吩咐侍應生先將行李搬過去，接著我自己也上了小船，當時的混亂情形實在難以名狀。暗想萬一風大浪高或者出現其他情況，不由得不寒而慄。

又行駛了兩個多小時，小汽輪進入白河河口，右邊是大沽，左邊是北塘，這兩個地方都因「義和團運動」而著名。炮臺均已不見蹤跡，流傳下來的唯有義和團戰鬥的故事。

白河已結了一層薄冰，小船破冰而行，一番左突右轉，於十一點鐘到達右岸的塘沽。雖然號稱是前往大沽的船，實際上沒到大沽，而是到了塘沽，我們立即上了岸。

二、從塘沽到北京

在塘沽上岸後，我打算經由天津前往北京，便將此計畫告知蒙古使者金先生。金先生是個溫厚和善之人，但是由於他的北京話帶有蒙古口音，加之我的漢語表達也不夠好，因而我說的話他許久都不能完全明白，我內心焦急不堪。當我看到遠處建築物上那隨風飄揚的太陽旗，心中頓時有了依靠，總之，先跑過去再說。這裡是日本郵船公司天津分公司的塘沽辦事處。

我站在門口，按響門鈴，中國門房出來開門。我在名片背面，簡短注明將赴內蒙一事，然後交給門房。未等多久，主任松永夫婦出來迎接，我被讓進客廳，受到殷勤款待。松永先生幫助我向金先生轉達了我的想法，並約好發車時間在火車站再見，隨後我便待在松永先生家裡。他們可愛的孩子們跟人非常親近，我很高興，不知不覺間也忘記了乘船的疲勞，感覺輕鬆愉悅。就這樣，他們還招待我吃了午餐，我感覺就像置身於相交十年的知己家中一般。發車時間臨近了，我和松永夫婦及其他送行的人一道前往距離碼頭不遠的塘沽火車站。

火車站裡有日本憲兵、德國兵、印度巡捕、中國巡捕、法國人、美國人、義大利人以及朝鮮人，內蒙的金先生也先行到達，在此等候，聚集於此的人們彷彿世界人種之縮影。這裡的火車分別開往北京和山海關兩個方向，我要在天津下車，便乘上前往北京的列車，一點五十分，列車開動。軌道是寬軌，列車是法國式，而管理鐵路的是英國人，由此更加可見此地五方雜處之一斑。

三點多到達天津，我徑直前去拜訪伊集院總領事。總領事與夫人給予我熱情的招待，如對故知一般。我的感念之情、我所獲得的激勵，無法形諸語言。

對於此次確定前往內蒙的前後經過，我向他們約略敘述了一下。伊集院總領事事先已接到北京公使館的通知，於是將我領進裡邊的客廳。剛巧中國北部駐軍司令官仙波太郎也在座，他也知道我前往內蒙的祕密使命。司令特別健談，連喀喇沁福晉的一些情況也講給我聽，令我欣喜萬分。

「最近收到在內蒙的伊藤大尉的書信，他說，福晉急切盼望你的到來。還說福晉是一位精力特別充沛之人，時常騎馬出去狩獵，福晉說，等日本教習來了，就帶她一起去。聽說福晉已幫你選好了坐騎。」

溫厚可親的總領事，賢慧溫婉的夫人，加上豪放開朗的司令官，大家談笑宴宴，逸興遄飛。窗外是蕭索枯寂的冬日，而置身室內，卻分明春風拂面。

總領事夫婦有四個可愛的孩子，最大的七、八歲，他們纏著我，不停地叫著「阿姨、阿姨」。許是因為生活在異國他鄉，因此，對於來自祖國的人倍感親近，而我也如同回到了故鄉，多麼高興，多麼快樂啊！天津的一夜，就這樣在溫馨之中度過。

二十八日，依然住在伊集院家，他們對我的款待一如昨日。

二十九日，與總領事夫人同乘一輛馬車，遊覽市內。天津市以白河相隔，分別向兩邊擴展，與上海一樣，其歐化程度超過了想像。日、英、美、法、德、俄各國租界，均有各自的劃分區域。各國租界中，最整然有序、最漂亮的當屬英租界，日租界雖然所在位置相當好，然而，看上去經營遠遠不及英租界，令人不勝遺憾。

路上，竟然與脅光三不期而遇，他是我恩師淺岡一先生（現為華族女學校幹事）的公子，我聽說過他在北京。如今在路上邂逅，倍感親切，如同見到自己的親弟弟一般。

當天下午，伊集院夫人及其他人送我到天津火車站，開車後大約三小時到達北京前門[2]火車站。公使館派人前來迎接，七點到達日本公使館，內田康哉公使及其夫人所給予我的盛情款待，令我自愧難當。

三、北京

北京是清軍入關後，清朝歷代的帝都。明朝時，此地與南方的金陵先後作為都城，

2 北京正陽門的俗稱，是明清兩朝北京內城的正南門。

金陵被稱之為南京，相應地，此地便稱為北京。清太祖由滿洲起家，初期曾定都奉天[3]，滅掉明朝之後改為北京，從此將北京定為清朝歷代的都城。

北京城分為內外兩城，內城是個大長方形，東西長六十丁，南北長四十八丁[4]。修建外城時，南面將天壇南牆包入，東西方向較長。據說外城是後來增築的。

內外城均建有高高的城牆，各設幾個城門，內城有九個門，外城有七個門，各門皆有甕城，並且，各門的上方還有門樓（但是，正陽門上的門樓因義和團運動而燒毀，現正在重建），內城四隅另立角樓。內城的城郭上，每隔數百步便設一崗樓，警備森嚴。另外，各城門附近的其他許多地方，都設有上下城牆的馬道，在靠近東城郭的南隅，有一座觀象臺。

宮城[5]坐落於內城的中央，號稱紫禁城，被高大的紅磚牆包圍著，周長二十丁有餘，紫禁城內諸多的宮殿樓閣，盡善盡美。

清朝的官府衙門及各國的公使館等均在內城，公使館集中佔據的區域叫做交民巷，

3 今「瀋陽」。

4 一丁約為一百〇九公尺，以下丁單位，恕不再一一標注。但經查證，原文「東西長四十八丁，南北長六十丁」中的東西與南北疑為顛倒，予以修正。

5 原文為「皇城」，據查證，明清時北京城分為「宮城（紫禁城）、皇城、內城和外城」，予以修正。

與之比鄰的街道叫東單牌樓。這一帶的道路，重新修建得十分規整，許多歐美風格的建築富麗堂皇，而其他純粹中國式的建築，相形之下卻顯得相當寒酸。但是，據說最近已新設立路工局，將著手道路的改建，想必日後面貌將會大大改觀。

雖然外城的面積要比內城大，但是多為寺院、墳地以及莊稼地，構成市區街道的部分比較少。但是，正陽門外的大街俗稱前門大街，百貨商品雲集輻輳，是為城內第一繁華商業大街。

四、中國馬車

在中國北方，人們通常乘坐的中國馬車是兩輪的，不妨如此想像它的樣子：在日本運貨馬車的上邊，安裝一個箱子一樣的東西，比從前的日本貴族用車低且窄，這就是乘客車廂。乘客車廂的左右側及背後三面被遮掩起來，前面完全敞開，上下車均使用前邊。遮住的三面，先用木料做成格子，再用布包裹起來。車廂頂部是用竹篾編的，略呈圓形，左右兩側各開一面小窗，裝上透明材料，便於觀看外邊。前面掛一簾子，座位上鋪兩層棉墊。雖然叫馬車，實則拉車的是騾子，而並非通常的馬匹。

由於這種馬車完全沒有彈簧裝置，所以，每當疾馳在凹凸不平的道路上時，車體便會劇烈晃動，不習慣於此的人，感覺會很難受。

五、萬壽山離宮[6]

萬壽山離宮又名頤和園，位於北京城郊，距離城內大約二日里，是西太后的離宮御苑，不妨稱之為日本的日光，據說其建築構造之恢宏富麗，極盡奢華，令故宮亦望塵莫及。從宮城[7]前往萬壽山，需打正陽門往西，再出西便門。這一段路，號稱是皇輦御道，全部以巨石鋪就，十分平坦，修整完好。

北京城內，除了宮城背後的小山丘——景山之外，附近見不到像樣的山。然而，到了萬壽山一帶，卻是群山丘陵綿延，在平原上起伏不斷。在那群山的末端，有一座形似臥牛一般的小山丘，走近前去，只見它掩映在丹楹碧瓦、雕樑畫棟的樓閣以及枝葉扶疏的樹木之間，這便是萬壽山離宮。

從正門進入，但見左右兩邊高牆環繞。時令雖在冬季，然而，松柏傲然挺立其間，依舊蒼翠欲滴。前行二丁左右有一座宮殿，這就是仁壽殿，大門上懸著一幅大大的匾額，上書「大圓寶鏡」四個大字。從殿的後門出來，眼前便是周長可達約二日里的昆明湖，在陽光的照射下，湖面波光粼粼。右邊的萬壽山下，亭臺樓閣林立，每座樓閣都以

---

6 今頤和園。
7 原文「北京」似應為「宮城」。

長廊連綴成一體。從萬壽山下一直到山頂，只見殿宇樓閣，重重疊疊，雕樑畫棟，錯落有致。長長的湖堤，楊柳依依，環繞其間。凝望著湖面上樓閣及楊柳的倒影，我甚至在想，難道這就是傳說中的海市蜃樓嗎？

湖中泊著一艘大大的畫舫，本來沿著迴廊也可以走過去，而當我們獲准可以近前參觀時，便從途中乘坐一隻小船划過湖面，到達畫舫停泊的小島上。我也搖身變成畫中的人物，在船中享用了午餐。

餐畢，我們順著長廊往右邊走，首先進入玉瀾[8]門，但見迴廊臨水，蜿蜒相連。每一個拐彎之處，都掛著一幅匾額，其精美的書法，無不令人心醉神迷，並感歎不已：到底是崇尚文字的國度啊！長廊上隨處建有小亭子，便於憑欄觀賞湖景。

我們就這樣沿著長廊，一路迤邐而行，經過了數不清的門，終於來到排雲殿，這裡是西太后日常起居的地方[9]。其雕工之精妙，裝飾之華麗，絕非我這支拙筆所能描述。

站在萬壽山上的高樓俯瞰，昆明湖全景盡收眼底。清朝的實際掌權者西太后，為了紀念萬壽節，費時經年、耗費鉅資而建造的這座離宮，應該說，確實匯聚了現代中國工藝之精粹，必將流傳於後世。

---

8 原文「蘭」似應為「瀾」。

9 此處基於原文翻譯，經查證，排雲殿實為西太后壽誕時，接受朝拜的地方。

第六章　喀喇沁之行

一、喀喇沁在何方

明治三十六年十一月二十九日，我抵達北京，拜見內田公使，正式接受了派我前往內蒙的官方命令。公使告訴我，我被聘為內蒙古喀喇沁王府的教育顧問，聘用合同均由公使館與王府之間簽訂。另外，日俄之間形勢嚴峻，何時開戰難以逆料，屆時，需要一位女性在喀喇沁暗中協助軍方的工作，希望我能當此大任。公使極其簡略地做了說明，並且還對我說，關於祕密工作，公使館武官室的青木宣純大佐將予我以詳細指示。

自那天起，我在公使館逗留了兩周，見到了青木大佐、川島浪速及其他諸位。並且，在多方進行準備期間，每日承蒙公使夫人、僑居京城的諸位夫人盛情款待，還受到北京日本婦女會所舉辦宴會的邀請。我還拜訪了喀喇沁福晉的兄長肅親王，告訴他我決心為喀喇沁的女子教育而獻身。待到諸事籌備完畢，十二月十三日，終於離開北京，出發上路了。此前一日，由公使夫人主持，公使館內人們歡聚一堂，為我舉辦了送別茶會。

喀喇沁究竟在何方？據說在北京的東北，旅程需要九天左右，甲也如此說，乙也如此說，丙也如此說，除此之外，他們什麼也不說。不是他們不肯說，是沒人知道。若是我還要追問的話，有人便說，過了長城，再往北就得住蒙古包啦；又有人說，說不定會遭遇土匪呢，等等，盡是諸如此類的回答。越問越令我心神不寧，甚至讓我害怕會危及我一介弱女子的人身安全。內田公使親切地囑咐我很多事情，並對我說：「一切都有王府的差役們呢，他們憑藉多年的經驗，會準備好的。我認為遭遇土匪襲擊萬萬不可能，再說武官室對此也做了周密的防範，你放心去吧。目前我們只瞭解這麼多，這次你過去了，一切就會更加明晰，從這一層意義上來說，希望你能出色完成任務。」公使館還派出一名軍官和一名士兵，負責保護我及偵查沿途情況。

其實我轉念一想，恐懼也好，不安躊躇也罷，這些理應屬於太平世道。現如今，我的祖國正處於一個重大時期，是兩千幾百年來未曾有過的，誠屬國家興亡之秋。最近收到父親的書信，信中他也如此勉勵我：「若為國之事，吾兒一己之安危又何足道哉？當此之際，爾一介不諳武藝之女子，得此機會為國效力，實乃無上之榮光矣。」好吧，縱使粉身碎骨，拋灑一腔熱血，只要我一息尚存，誓將此身獻於國家重任！我鼓起勇氣，下定決心，在準備旅途用品的過程中，心也漸漸安定下來，膽量也增加了，如今甚至興味高漲。

眼見日俄之間形勢險惡，我一直滯留在公使館，早已引起一些感覺敏銳的外國人的注意，他們甚至毫不客氣地詢問公使夫人：她是何人？因何來此？儘管公使夫人若無其事地敷衍道：「一位好朋友，過來觀光遊覽。」然而他們質疑的眼神，根本沒有從我身上移開。

二、奇異的夢

想來，是令人喜悅的力量、有趣的命運，以及無常的世間波浪，令我這個柔弱女子，離開我難以割捨的骨肉至親——獨身一人的父親，離開眾多的親友，遠涉千山萬水，竟至漂流到此偏遠之地。現如今，還要長途跋涉，去向那不為人知的沙漠一方。

行走在幾千里外的遊子之心，若說悲切，實在是悲切。遙想昔日，王昭君曾如此不幸地被棄至夷狄之邦，在天高地遠的異域他鄉，終日以淚洗面，她的幽怨，是我所難以體會的。然而身為大和之女，懷抱一顆盡忠為國的真摯之心，理當慷慨激昂，如果顯露出懦弱的樣子而被人看見，我會倍感恥辱。於是，便竭力表現得勇敢堅強。當我遙望那雲海渺渺的東方長空，再遠眺與無際雲天相連的西北邊陲，內心的孤寂無法言說。老父雖有堂兄弟們照拂，讓我內心稍感安慰，然而念及母親逝後，父親獨守空房的那一份孤寂淒涼，我多希望大雁傳音，將我此時此刻的思念之情傳達給父親。然而，家尊是老派之人，我不難想像這樣做的後果：父親看到他養育的女兒竟然如此兒女情長，定會勃然大怒。想到這些，我用衣袖拭去湧出的淚水，也打消了寫信的念頭。或許強行壓抑內心情感，愈發令人痛苦不堪。

然而，轉念一想，我雖身為女子，亦擁有大和之魂，如此感情脆弱，難成大事。於是便自我鞭策激勵一番：太過勞心傷神，萬一發燒生起病來，怎麼對得起那些出於信任而賦予我如斯重任的人們？我豈不成了貽誤國家大事的不忠女子，進而也難免不孝之罪。此時復何憂？此時復何歎？且平心靜氣地睡吧！遂靜靜地在冰冷的床榻上躺下。

愈急於進入夢鄉，反倒愈加了無睡意，思緒忽而飛向彼處，忽而又飄回來。果真是「枯野遊夢魂」，俳聖芭蕉[1]名句中所謂的夢原來如此，而今我感同身受。窗外沒有一絲風聲，一片死寂，遠處亦不聞犬吠，人們都已然入夢，屋子裡連老鼠的聲音也沒有。萬籟俱寂，我只能聽見自己心臟的跳動。

無意間，聽到隔壁傳來有人的聲音。我不知道隔壁房間住的是誰，可聲音的確是從

1 松尾芭蕉是日本江戶時代前期的一位俳諧師，他公認的功績是把俳句藝術推向了巔峰。這是芭蕉的臨終絕筆：「旅に病で梦は枯野をかけ迴る。羈旅客，抱病身，枯野遊夢魂。」

旁邊傳過來的。在這更深夜闌之際，他們要幹什麼呢？我心中莫名其妙地有點緊張。並非我存心要聽，聲音雖低，卻偏偏極其清晰地傳過來，令我無可奈何。

毫無疑問，說話的聲音是男人，其中一人說話語氣特別嚴厲，而另外一人卻使用最高級別的敬語。由此不難想像，兩人是主僕關係，特意趁著這深夜時分，談論一些害怕被人聽到的祕密。偷聽別人說話是很不體面的行徑，我想我必須把耳朵堵上。雖然如此，可我又隱隱地感覺，他們要談論的話題與我有關，於是不由自主地側耳傾聽起來。

「您不信哪，這次的爭戰，勝利肯定屬於俄國無疑。」密談果然與此相關，一念及此，我全身的血液霎時沸騰起來，心臟劇烈跳動。「無論俄國，還是日本，都跟我國沒有特別的恩怨，我們只偏向更有利於我們的那一方，這才是上策。而且，俄國表示願與我國親善，日本終歸不如他們熱切。還有，俄國年年饋贈厚禮予我們，這您也知道。況且他們是大國，兵多國富，兩國一旦開戰，勝敗之數洞若觀火。若此時咱們不與穩操勝券的俄國交好，日後將追悔莫及啊！您可得當機立斷，為了喀喇沁王府和旗下的人民，現在您可不能躊躇不決啊！」

竟然是喀喇沁王爺的家臣，勸告王爺親近俄國。既然如此，恨不能馬上聽到王爺如何回答。我渾然忘卻了寒冷，索性起身側耳傾聽。

「誠然，如你所言，應當趨利。然而，卻不能輕率斷定，大國必然在戰爭中獲勝。復思之，如今兩國之爭，誰的主張合乎道理。我無意一味逐利，或者從強而幫助不合理的一方。吾之所願，在乎正義。凡宣導正義，施行正義，縱使小國，我亦樂於傾向於彼。雖強大但所行不義，天曷容之！我心已決，無復多言。倘若日俄兩國不幸開戰，我唯有捨利而匡扶日本的正義。」

王爺的一番話，聽起來實在有如神聖的宣言一般令人崇敬。當我聽到他十分莊嚴地說道，為了正義而站在日本一邊時，那擲地有聲的話語，令我情不自禁地合掌俯伏。

隨後，談話的聲音愈來愈低，仍能感覺到是家臣在試圖說服王爺改變決定。然而，不久，談話聲音消失了，天地復歸靜寂。而我看到，西邊的天空祥雲縈繞，光明遍佈於天際。

三、九日乘轎之旅

十二月十三日正午，我乘坐內田公使夫人的馬車，避開世間猜疑的目光，前往北京東直門外的某個地方。那裡有事先預備好的轎子，還有一輛中國馬車，大家在此做好了準備，我與內田公使夫婦、川島浪速夫婦、服部宇之吉博士夫人，以及其他前來送行的人士道別後，上了轎子。

我們一行人數眾多，包括：要返回喀喇沁王府的高官數名，他們已經辦完事，等待和我一起出發；福晉特意派來迎接我的使者；公使館用心周到，特意派出的北京駐軍軍官串山忠喜、士兵森田寬，他倆為保護我而隨同前往；運貨車的車夫們，他們同那幾位高官一樣，推遲返回時間，運送在北京採購的物品返回喀喇沁，等等。午後兩點，我乘坐王府特意派來的轎子，其他人乘坐中國馬車，隨從人員騎馬，一行人浩浩蕩蕩地出發了。

我乘坐的轎子叫做騾馱轎，轎子的前後兩邊，由兩頭騾子分別抬起。騾子是由馬和驢交配而生，既不像馬那樣容易受驚嚇，又比驢腳力強健，而且耐寒及耐飢渴能力強，適宜長途旅行。中國馬車，在類似運貨車一樣的馬車上裝置一個車廂，再安上簾子，由兩頭騾子拉車。騾馱轎和中國馬車隊伍，「嘎吱、嘎吱」地一路搖晃，迎著刺骨的寒風，向著北國千里之遙的遠方不停地行進著，實在蔚為奇觀。這一行車馬，與這可謂亙古自然一般的廣袤原野之景色竟然如此和諧一體，我真恨不能把這一切描畫下來。若是遙看雲蒸霞蔚處，馬蹄揚塵霧靄中，那就更添一番意緒了，恨只恨此刻並非陽春時節。

下午五點半，我們到達孫河，在此投宿，這裡距離北京四十清里。旅館的格局都相同，進門是個很大的院子，院子兩側是馬廄，正面是客房。

所謂的客房不過是一間昏暗的屋子，可能還沒有日本的八張榻榻米[2]大，一半是泥土地，另一半砌得高出地面很多，再塗抹好。這高出的部分裡邊是空的，用於通煙取暖，他們稱之為炕。炕是一種火炕，燒火口在屋外。日本的旅館，習慣見到客人先燒洗澡水，而這裡是先燒炕。雖然炕上鋪著蓆子，但我還是從轎子裡把褥子拿過來，鋪在炕上坐著。

屋子裡只有一張油膩膩的桌子，其他別無一物。使勁找的話，能見到的也就是蜘蛛網了。難道這就是內蒙古王爺的下榻之處麼？我正自發愣，一名中國夥計送來一罐熱水，放在桌子上然後離開了。這位夥計臉上黑黢黢的，給人感覺剛從小煤屋裡鑽出來。我拿出帶來的綠茶，剛剛沏上，晚飯便端過來了。可我一看那餐具，便感到一陣反胃，於是用帶來的罐頭等食品權且充飢。前往內蒙，旅途務必攜帶：一是寢具，二是洗臉盆，三是罐頭食品，四是幾名隨從人員。

十四日，早晨五點半出發，天剛濛濛亮，寒風凜冽，曉月還掛在西邊的空中。走了一會兒，東方泛出魚肚白，周圍景色漸漸清晰。從轎子的窗口望出去，遙遠的北邊，山巒起伏，東西兩面盡是大片的麥田。無論行走多久，四周景色一成不變，風格毫無二

2　一張榻榻米約一點五平方公尺，合約十二平方公尺，即臺灣的三・六三坪。

致，唯有一望無際的平原。

將近正午時分，狂風勁吹，沙塵飛揚。中國北方地區，大率降雨較少，多則一年二十五、六次，少則只有七、八次。因此，地面乾燥，即便輕風也會塵煙瀰漫，颳起大風則沙塵遮天蔽日。

十二點十分到達牛欄[3]山，吃過午飯，下午一點接著上路。滿目風景依舊，盡是一片廣袤無垠的平原。不過這一帶，四處散佈著一些村落，在一片蕭索之中，多少令人感受到一點暖意，我心裡很高興。

回想在北京停留的時光，我發現越是遠離都城，房屋也越狹小、寒酸、不乾淨。我不由得想，縱然如此，親王家的格格竟然會遠嫁到那樣的地方。從兩天的旅途中所見到的光景來看，村落裡也有瓦房，建築風格與北京一帶也無大異。院子前面有一個很大的石碾子，幪著眼睛的毛驢在拉磨，那畫面特別悠然閒適。據說把毛驢眼睛幪上的目的，是為了讓它在同一個地方不停地轉圈，不然它會頭暈的。

下午兩點左右，天空飄飄灑灑地下起了雪，我發現雪根本就不能積存，大約一個小時後，天放晴了。路上遇見兩名中國士兵，從古北口過來的，他們一直目送著我們一行

[3] 原文「蘭」似應為「欄」。

遠去，滿臉疑惑。在日本，路上時常會碰到「草鞋行腳」的旅人，而這裡卻幾乎見不到，難怪旅館的客房裡會有蜘蛛網了。

今天渡過了牛兒河，雖然水位下落，河水很淺，但是由於河道裡石頭太多，因而轎子劇烈搖晃，身體好似被翻來倒去一般。我好像暈船的感覺，胃裡說不出的難受，強忍著，終於熬過了走在河中的三十九清里。到達密雲縣時，太陽已經落山了，今天的行程是昨天的兩倍半，走了一百二十清里。

十五日，出發比前一天更早，四野俱寂，寒氣凜冽，侵入肌膚。天色將明未明，唯有騾馬的鈴聲打破了天地的靜寂。坐在中國馬車裡的人們比轎子裡的我更冷，哈氣成冰，裹住頭臉的帽子上白花花一片。

上午十點左右，颳起了「蒙古風」，瞬間黃沙瀰漫，天地晦暝，坐在馬後邊的人甚至看不見馬頭，馬夫大聲吆喝著，費力地趕著馬車。十一點半，到了石匣兒，午餐後，下午一點上路。兩點多鐘，又遭受到蒙古風的侵襲，我們在危險之中小心翼翼地行進著。三點左右，遇見兩位商人模樣的西洋人，他們注視著我們一行大隊人馬，走過去之後又數次回頭。

前一天遙望的北方山巒，如今逐漸靠近了，早已看夠了茫茫無際大平原的雙眼，而今得以大飽眼福。我們爬上一座山岡，再越過一道山嶺，走過堆滿鵝卵石的河灘，經過險峻的南天門陡坡，就這樣一路車馬勞頓，終於在臨近掌燈時分，到達長城東段的第二關口——古北口。這一段長城綿亙五百里，一路翻山越嶺、溝壑蜿蜒、跨越河流，我多麼想好好描述一下啊，奈何我文筆淺陋，力有未逮。

十六日，和昨天一樣的時間，我們上路了，走了大約三十分鐘，出了古北口的關門。雖然感覺關門非常大，非常壯觀，然而四周一片昏暗，難以看清。門外還有兵營，同樣模模糊糊，看不清楚。據說所有關門均設置守備兵營。不久，天亮了，雖然天空晴朗，卻仍是寒風凜冽。

按照此前的想像，我以為關外會異常寒冷，與關內大異其趣，沒有像樣的人家，或許我將看到住著蒙古包的游牧部落。實地一看，卻完全出乎意料之外，這一帶的風物景致，與北京周邊並無太大差異，而且，這裡小溪潺湲清澈，千年古松綠意盎然，有著北京郊外無法看到的自然風光。我們的車隊人馬，在如畫的山水之中，沿著溪流，忽而向左，忽而向右，一路迤邐而行。十一點鐘，到達松樹溝，午飯之後，又順著山谷繼續前行。

沒過多久，碰見一支駱駝隊，有幾十峰駱駝，駝工牽著一頭走在隊伍前面，其餘駱駝依次跟在後面，不亂，不吵，乖乖地往前走。看著眼前的情景，令我想起少女時代讀過的阿拉伯的故事，深感興味的同時，遙望著天空另一方的祖國，慨歎而今我已遠離故土。

今晚在三道梁子住宿，聽說從長城以北到喀喇沁，這一段路盡是山路坡道。

十七日，頭頂滿天繁星，我們離開旅舍上路了。今早更加寒氣逼人，如果有溫度計，就會知道零下多少度了。我生長於日本寒冷的北方——信州，以前幾乎從未感覺到寒冷難耐，而今日之嚴寒真是砭人肌骨，甚至令人覺得活生生的軀體都會結成冰，心裡感到既恐懼又難受。洗臉時，毛巾在溫熱的水中浸濕，拿出來剛一擰乾，眨眼間就變成了冰棒；拿起香皂盒，它便黏在手掌上，許久拿不開。與其說是冰冷，毋寧說是錐刺針扎一般地疼，如此形容更加貼切。

走險路時，那些牲口喘著粗氣，呼出之氣瞬間凝結，彷彿噴出的是霜。好幾條路的路面上都結了一層冰，一步一打滑，說不出的危險。騾馬也實在無法行走時，車夫便從未結冰的地方弄一些碎石子，用衣襟兜著，沉甸甸地運過來，撒在冰面上防滑，隨後再高聲吆喝牲口，一點一點地往前挪動。如此反覆，不知多少回。我坐在轎子裡，手心裡捏著一把汗，渾然忘卻了寒冷，並且感覺如履薄冰，魂飛天外。

太陽高高升起，寒氣稍稍減弱，我也多少恢復了精神，便從窗口四下張望。這一帶多山，清清的河流，兩岸散佈著松樹林，林子的背後還有小村落，時值早餐時分，只見炊煙裊裊。這充滿生活情趣的畫面啊，我多想將其描摹成畫。

我們就這樣沿著溪流而行，一路爬越坡道，騾子對路況也愈來愈習慣，就連近乎攀援而上的陡坡，它們也照樣一前一後，抬著轎子輕鬆上去。十一點鐘，我們到達灤平縣，在此用過午餐，下午兩點繼續行進，大約用了三十分鐘，渡過灤河。

據說，喀喇沁王府南邊八十清里處有一座山嶺，叫做茅荊壩[4]，是內蒙古與周邊地區的分水嶺，由此流向南邊的是灤河，它經過灤平縣，到達天津東北方的灤州，最終注入渤海。而流向北方的河流，途中注入西遼河，再進入滿洲，是為遼河。灤河與西遼河是內蒙古境內的兩大河流，據說如今我們橫穿的灤河，每逢雨季，因水量大增而生舟楫之便，內蒙的居民便利用這一時期的水流，乘船去灤州，再乘火車前往天津及北京。而商人也同樣利用這一時期，將內蒙的特產獸皮運往南方，再把南邊的貨物運來內蒙。也就是說，灤河是內蒙與南方的唯一運輸聯絡線。行進在水流乾涸的河床上，心中暗自思忖：日本的仁人志士們，欲在內蒙有所作為，就該善加利用這條河。

我們順著河道走了一段下坡路，再折而向北，沿著武烈河[5]溯流而上，進入峽谷，越過廣仁嶺，於下午三點左右到達熱河鎮（又名承德府），在此投宿。是日行程大約九十清里。

熱河鎮位於北京與喀喇沁之間，是都統衙門所在地，管轄內蒙古東西六盟中的兩個

4 原文「墳」似應為「壩」。
5 原文為「熱河」，又稱武烈河，為與文中的熱河鎮區分開，特譯為「武烈河」，以下同。

盟，是這一帶最繁華的市鎮。或許由於時間尚早，有許多當地居民圍攏過來，觀賞著我們，如同螞蟻聚集在甜食周圍。而我們也同樣觀賞著圍聚一團的他們，只見有人嘴裡吃著東西，有人叼著長煙袋，有抱著幼兒的婦女，有拄著拐杖的老人等等，人人都是那麼悠閒。

吃完飯，大家將貴重物品交給我看管，然後便去街上閒逛。聽他們回來說，這裡商業興旺發達，銷售的土特產，有拼木手工藝品等等；還有電信局，可以跟北京取得聯繫；街道的樣子看上去不亞於北京。如果要從喀喇沁往北京發電報，需要有人將電報帶到這裡，路上花費四天時間，再從熱河這裡發往北京。我想事先打聽清楚，便特意麻煩別人再跑一趟電信局，讓他詳細詢問發電報的相關事宜，然後記在小本子上。

十八日，颳風，天氣晴朗，但依舊相當寒冷，十點半從旅館出發。我坐在行進的轎子裡，望著右邊雄偉壯麗的熱河離宮。熱河乃要害之地，無論從北京過去，還是從喀喇沁方向過來，均需翻越險山峻嶺，否則難以進入。我在一份文獻中看到，因山中夏日十分涼爽，故康熙帝認為，適宜在此設立避暑的離宮。後來，當英法聯軍入侵北京時，咸豐帝攜東太后以及如今的西太后，避難於此，最終駕崩熱河。這座近代史上著名的宮殿，而今又成了見證這段歷史的遺跡。山上蒼松蓊鬱，樹木之間，隱約可見色彩絢麗、金碧輝煌的喇嘛廟，甚是雅緻精湛。我覺得如果在灤河一帶架橋鋪路，讓交通便捷起來，那麼憑藉這青山秀水，這裡必將成為避暑勝地而發展起來。

再往前走，到了城牆朝西方向的拐彎處。但見左前方半山腰的松樹林間，赫然兩座宏大巍峨的喇嘛廟，東邊那座稱為「須彌福壽之廟」，係仿照班禪額爾德尼在西藏日喀則的住所——扎什倫布寺的形制而建；西邊的叫做「普陀宗乘之廟」，同樣為仿照西藏達賴喇嘛居住的宮殿——布達拉宮的樣式而建。據說兩座寺廟均建於清高宗純皇帝乾隆年間。寺廟背倚青山，整個建築色彩絢麗，美輪美奐。我從轎子的窗口望出去，看得出神，渾然忘我。

喇嘛廟建築的宏偉壯麗，顯示了人們對這一宗教的信奉程度。喇嘛教是內蒙古唯一的宗教，因此，人們對待喇嘛僧如對活佛一般恭敬，僧之所言無不信奉。然而，俄國卑鄙的政治家們，卻採取「射人先射馬，擒賊先擒王」的手段，竭力討取那些「活佛們」的歡心。我對此早有耳聞，如今聽了同行的蒙古人所言，證實了傳聞不虛。

過了喇嘛廟，光禿禿的山巒兀然而現，所謂的道路便是河灘，上面佈滿了大大小小的鵝卵石，高低不平，路況之惡劣，無法言喻。下午六時，終於到達高素台，在此投宿。今日行程六十二清里。

我們住過的所有旅舍，客房裡無不掛著蜘蛛網，今日尤甚。頂棚破敗不堪，令人懷疑沒準兒有鬼怪在偷覷呢，煞是恐怖。然而，投宿於此等令人提心吊膽之處，毋寧我輩之幸矣！設若旅館設備周全，服務熱情周到，行人旅愁由是得以慰藉，則難保不萎靡不振，鬥志衰減，以致翌日不願繼續踏上旅途。我戲言：艱苦的旅宿，乃是對艱辛的旅程之鞭策激勵。

十九日，晴。一山甫去，一山又至，且個個都是童山濯濯。我們行走在山谷間的小路上，山陰一面有積雪，從那邊吹過來的風似刀刃一般，令肌膚生疼。

下午六點，到達七家鎮[6]並投宿。是夜寒冷加劇，甚至令人擔憂，天明時分，身體會否變成冰坨？

二十日，依舊酷寒。和前幾天一樣，要在山裡行走四十清里，之後到達茅荊壩，此前聽說過，那裡是內蒙古與其他地區的分水嶺。眼前的山上有樹，望之令人心情愉悅。走了一個多小時，過了這座山，視野豁然開朗，有農田，有樹木，還有低矮的房屋，感覺好像看到了日本鄉間的風景。

下午五點，到達王爺店，今日行程八十清里。

二十一日，晴，感覺寒氣稍稍減弱，十點出發。路上光景與前一天大致相同，山上有樹。此前走過的那些河，水量極少，徒留一片寬廣的河灘，如今的荒涼，是河流氾濫

6 原文「七家兒」似應為「七家鎮」。

之後的印跡。而眼前的錫伯河[7]卻迥然而異，水流充沛，緩緩地流淌，這與山上的樹木息息相關。我覺得昨天之前看到的那些河流與錫伯河的不同情形，生動地展示了對森林亂砍濫伐所造成的可怕後果。

錫伯河是西遼河的支流，流經喀喇沁王府的南邊，再折而向北，匯入西遼河，這條河沿岸，位於內蒙古的南部。同行的蒙古人不停地誇耀自己的家鄉：這裡土壤肥沃，氣候較少急劇變化，除水稻之外，其他農作物及蔬菜沒有不能成熟的。而事實上又如何呢？僅從外表所見，我認為這裡沒有什麼耕種方法，只不過是將種子隨意播撒而已。

聽說今天再走五十清里就該到王府了，不由得心情愉悅，總感覺騾子的步伐慢騰騰的。下午兩點到達上瓦房，距離王府大約十清里，相當近了。

王府差來迎接的人們等候在此，又極其恭敬地在前邊帶路，於是，我心下大安，連續九天乘坐騾馱轎的疲憊亦渾然不覺。下午三點半，我們進入王府。

從北京一路同行、擔當護衛的兩名日本軍人，直接奔赴武備學堂。武備學堂位於王府西邊將近一日里處，聽說那裡有一名日本將校和另外兩個日本人。

7 原文「西伯河」似應為「錫伯河」。

四、書信

抵達喀喇沁之後，為報平安，我給東京的親友寄去了書信，現摘錄於此。

其一

（前略）十三日下午兩點，我們從北京東直門出發，同行者包括：王府特意差遣的從內蒙趕往上海迎接我的官員及其兩名隨從；內田公使特別照顧我，派遣了為保護我而隨同前往的日本軍人兩名；此外，還有從喀喇沁到北京辦公差的高官數名及其隨從，他們一直在等待我一同出發。我一介女子，何足道哉，竟獲如此厚待，我深感榮幸而受之有愧，益發堅定了決心。

寒冷日甚一日，在業已預料到的路況惡劣之外，給旅途又增添了困難。長城以南唯有廣袤無垠的茫茫原野，既沒有值得觀賞的景色，又缺乏趣味。而長城以北反倒有山巒，有河流，有的地方還有綠樹，感覺不乏佳景。尤其是熱河附近，山頂上、半山之間蒼松蓊鬱，可謂旅途中風景第一殊勝之地。

旅舍之骯髒，天氣之嚴寒，路況之惡劣，凡此種種，容後一一道來。如此結束了九天的騾馱轎之旅，於昨天，二十一日平安抵達喀喇沁，進入王府，受到了意想不到的歡迎。從北京到這裡的里程足足六百九十清里。

福晉格外期待我的到來，我抵達王府後，她欣喜非常，當晚便設宴接風洗塵，我榮幸地叨陪末座，與王爺、福晉同桌共餐。

他們二位都極其平易近人，讓我感覺很愉快，還給予我諸多關懷和問候，最後，大家無拘無束地閒聊起來。王爺說起不久前微服私訪日本，觀看在大阪舉辦的國內勸業博覽會[8]，還說也是在那次視察時，他感受到女子教育的必要性。

想不到王爺對於日本的事情很瞭解，比如他說：「這邊的河裡沒有大魚，沒法吃生魚片，很遺憾。日本膳食當中，生魚片最好吃。」

晚宴時，我發現牆上掛著一張很大的照片，隨意看過去，感覺好像是日本人，我徵得同意，近前觀看。王爺微笑著說道：「那是你們學校的照片。」果真是高等師範學校畢業生的攝影留念，令人思念的篠田先生也在其中。我內心充滿了喜悅，久久地凝視著眼前的照片。隨後，我提出請求：「以後當我想家的時候，請允許我到這間屋子裡來，看看這些昔日的恩師和朋友。」王爺爽快地對我說：「你可以隨時、隨意進來。」

---

8 為了殖產興業，在大久保利通的宣導下，一八七七年初次在東京舉辦該類型博覽會，後來又舉辦了五次。主要展示和銷售機械、美術工藝品等，對日本產業技術的提高和發展起到極大的作用。

昨晚感覺特別寒冷，給我安排的房間，以前放置福晉用品，由於沒有人氣，一進去感到很冷，甚至水也會馬上變成堅硬的冰，因此僅靠生的炭火，很難抵禦如此嚴寒。雖然我長途跋涉，甚感疲憊，卻是徹夜難以成眠。

因此，今晨感覺頭痛，身體不舒服，然而我希望學堂儘早開課，於是趕緊換好衣服，去跟福晉商談相關事宜。餘容後敘，如有值得一讀的新書，請寄送於我。

明治三十六年十二月二十二日

其二

（前略）以前聽說，旅行在外，最令人擔憂的事情，一是囊中匱乏，二是生病不適。而今我在距離北京七百清里的內蒙古，體味到了其中之一。昨天說過，我強忍旅途疲勞及嚴寒導致的頭痛去拜見了福晉，傾聽了她的想法，也提出了我的意見，隨後回到自己的房間便頭痛難忍，終於病倒了。或許害怕我這個新來的外國人，侍婢們只是怯生生的，卻幫不上忙，令人說不出地焦急、沮喪。

傍晚時分，有人通報說武備學堂的伊藤大佐前來探訪，加之名醫前來診治，心裡踏實很多，頗感欣慰。見面之後，頭痛也好了。今天身體大有好轉，上午晉見了太福晉（先王之妃）。太福晉是北京禮親王的妹妹，今年六十高壽，特別慈祥富態。我首先問安，接著告訴她女學堂成立的事情。隨後閒聊時，對於我千里迢迢而來，太福晉甚為驚訝，感覺不可思議，說是這裡的女子，一個人連北京都不能去，日本那麼遠，你是怎麼過來的？還問我海上行駛的客輪什麼樣？有多大？等等。這些問題，完全出乎我的意料。

最後，太福晉和藹地對我說道：「學堂的事就麻煩你了。」隨後，我告退出來。下午，身體愈發好轉，基本恢復正常，明天應該加把勁，進行開學的準備工作。

在當地的所見所聞，屢屢令我驚訝不已。忽然在想：對日本人而言，歐美的物質文明，與內蒙古的原始簡樸，究竟哪個更令人驚訝？

十二月二十三日

第七章　喀喇沁雜記

一、喀喇沁右旗的地理環境

喀喇沁王府坐落於喀喇沁右旗，是內蒙古東西六盟、二十四部、四十九旗中的一旗，位於內蒙的南部，東西長二百七十五清里，南北長二百六十三清里，面積大約三萬二千八百平方清里，海拔六百多公尺，因中央部分的喀喇沁中旗海拔較低，故整體地形如同一個倒扣的「凹」字。

此地為大興安嶺的一個支脈，分東西兩部分，東部為老哈河流域，土地遼闊，土壤肥沃；西部為錫伯河流域，重巒疊嶂，少有平原。錫伯河發源於王府西南隅的茅荊壩北麓，向北流經王府前邊，再轉向東北，到達赤峰西部，與英金河[1]合流。每年到四月中

1 原文「黃金河」似應為「英金河」。

旬，河面都結著厚厚的冰。去年，我隨同福晉及王爺的妹妹，不時到河上滑冰，有時在上游，有時在下游，每次滑七、八清里，再騎馬返回，既有趣又良好的運動。不由感慨，在如此偏僻之地，反倒得以享受如此樂趣，這是城市裡所沒有的。

旗內的人口，蒙古人五千戶，大約五萬人；漢人六萬戶，約四十萬人。據說漢族人以來自山東、山西以及直隸[2]三省的移民為主，早期移民在兩百多年前移居此地，近期的還有十幾年前遷移過來的。如此一來，漢人分佈於王府領地內的所有地方，大有漸次將蒙古人擠到西邊的趨勢。目前，蒙古人聚居人數最多、勢力最強盛的地方，就是王府所在地周邊，甚至這裡也有一半是漢人。

當地屬於大陸性氣候，十分寒冷，從十月份到第二年的三月份，一年有六個月為冬季，五月份到八月份，這四個月為夏季，而春秋兩季加起來不過一個月。夏季即令最熱的時候，也不會難以忍受，很容易度過；然而，冬季氣溫可達零下十五度到三十度，相當寒冷。雨季大概在七、八、九三個月，雖然在此期間，每週大致有兩次降雨，然而年降雨量仍然極少，空氣總是很乾燥。但是，明治三十七年卻很反常，從六月份至八月份，幾乎持續降雨。

[2] 今河北省。

當地百姓主要以農業為生，畜牧業為副業。然而，耕作方式卻很原始，因此產量很低。

當地的物產，農作物有大麥、小麥、穀子、高粱、蕎麥、大豆、小豆、麻、罌粟、煙草等等；蔬菜：馬鈴薯、白菜、蘿蔔、胡蘿蔔、蔥、韭菜、瓜、茄子、豇豆以及芥子等等；水果：桃子、李子、蘋果、杏兒、板栗、葡萄以及西瓜等等。

樹木有楊樹、柳樹、榆樹和白樺等，由於比其他的旗出產豐富，還會販運至熱河及赤峰地區。然而，這些樹木只有在王府附近才能見到，由於慣有的中國式的亂砍濫伐，其他地區觸目皆是荒山禿嶺。無人關注植樹造林，對此，我深感遺憾，便伺機向王爺、福晉進言，希望能在山上植樹，並且改進農田的耕作方法，從而增加天賜的資源。我的這些建議，一一付諸實施。

礦產主要有金、銀、煤炭及砂金，其中金礦最多，旗內有三十多座。

道路情況：兩大幹線貫穿東西方向，這就是熱河大道與關東大道。前者由熱河經過茅荊壩、王府門前，到達赤峰；後者由赤峰通往錦州。

此地道路時常改道，行人深受其苦，其原因在於，每次降雨都會導致道路被沖毀。如前所述，山上赤裸光禿，加之平時雨量極少，而一旦下雨，兩山之水一起奔流，以極快的速度湧入低處，匯集成水溝。所謂的水溝，其實就是在山間幾十町[3]的低窪河床上所形成的巨大山谷。因此，每次降雨，都會在水溝處形成新的河流，濁水暴漲。這樣的河流沒有固定的位置，而是隨雨量變化，因此，原本已在溝裡形成的道路，就會在每次降雨後被沖毀。如此一來，低窪地帶並沒有正經的道路，不過是河灘被踩踏後，自然變成了道路而已。平地上道路的情形雖然略有不同，困擾還是來自於降雨。另外，由於道路很容易積水，而且這裡都是黃土地，故車輪深陷其間，雨後無論車行、步行，均甚為艱難。

二、宗教、教育、歷史

雖然喀喇沁右旗領地稱作內蒙古，其實是直隸省的一部分，並且如前所述，由於漢族人口居多，故當地風俗習慣等深受漢人影響，蒙漢之間幾乎沒有差別。漢蒙男子看上去很難分辨，而女子跟滿洲婦女一樣。王府附近的蒙古人，似乎效仿了漢人不好的一面，若是到下邊去，儘管受到漢人的擠壓，蒙古人依然純樸，有令人喜愛的品行。經過多方面的考察，我覺得蒙古人早先具有酷似日本人的稟賦天性，而後來當喇嘛教開始盛

[3] 日本計算山林、田地面積時使用的量詞，一町約為零點九九公頃。以下町單位，恕不一一標注。

行，他們卻喪失了本來的民族性，最終變成如今這樣缺少氣概的人種。

當地喇嘛教興盛，大的寺廟首推福會寺，其次有延慶寺、廣慧寺、靈悅寺及善因寺等。福會寺位於王府西邊一清里處，不僅是本旗內，也是附近一帶最大的寺廟，雖然算不上規模宏大，樓閣卻是相當精美。

寺廟裡現有喇嘛僧三百多位，蒙古人全民信奉喇嘛教，凡事都要請喇嘛僧前來主持，各部落必有一座喇嘛廟。喀喇沁右旗內也有二十七座喇嘛廟，這些寺廟均從王府領取寺廟領地補給，另外還接受來自信徒的金錢、田地等香火供奉，從而解決了所有的費用。即使每日節衣縮食，民眾仍然歡喜供奉喇嘛廟，足見信仰之虔誠。

當地教育向來衰微不興，各地雖有幾所私塾，然而就學兒童寥寥無幾。大前年冬天，王府首次在領地內推行普通教育制度，建立了一所較具規模的小學校，教師有蒙古人三名，漢人一名，目前有學生四十人。教學科目效仿日本，有閱讀、算術、地理、歷史、作文、習字、體操及唱歌等等，閱讀課教授蒙漢兩種文字。學生年齡從七歲至二十歲，由於只分成三個年級授課，故無法適宜所有的學生，也是無奈。除了上述小學，還有守正武學堂（俗稱武備學堂），是一所軍事教育學校，也十分有規模。

追溯歷史，可知喀喇沁王祖先的發跡，始自襄助過元太祖的功臣濟拉瑪[4]。至明朝末年，外蒙古的察哈爾林丹汗異常強大，對附近的各部落大肆侵略，喀喇沁眼看也要被其吞併。而彼時恰好清太宗皇太極攻克了錦州，行將逼近燕京，於是喀喇沁豪族蘇布地，立即率部眾歸附清太宗，以防止察哈爾林丹汗的侵略。憑藉此一功勳，蘇布地於天聰二年（一六二八年）被晉封郡王爵位[5]，統治整個部落。隨後，他與巴林、奈曼、敖汗一起，在康熙二十七年至三十五年間，跟隨清聖祖康熙帝，征討準噶爾部首領葛爾丹汗。之後的歷史上再沒有值得記載的事項，唯世代襲爵，至當今王爺已歷十二代。

王爺家與北京的親王家有世代通婚之慣例，如當今太福晉（先王福晉）為禮親王之妹，福晉（現福晉）為肅親王之妹。因與清廷淵源如此之深，故對於政府的影響力遠大於其他王公貴族。

---

4 亦稱「者勒蔑」，蒙元帝國名將。自幼侍從鐵木真，多有功勞，被鐵木真譽為是「有福慶的伴當」，其曾截擊克烈部進攻，掩護鐵木真撤退，被評為蒙古國的十大功臣之一，享有犯九罪不罰的特權，與哲別、速不台、忽必來並稱「蒙古四獒」。

5 清代在蒙古地區推行七等爵制，即親王、郡王、貝勒、貝子、鎮國公、輔國公、台吉（塔布囊），統稱王公貴族。

三、我亦驚詫的藥效

內蒙沒有醫生，如同日本某一時代的僧侶一樣，喇嘛僧除了主持葬禮之外，時而講經說法，時而充當私塾的先生，調解糾紛，為信眾解答任何疑問，甚至行醫用藥。因此，他們被奉若活佛，深受信賴與尊崇。當然，這些活佛的醫術殊為可疑，難以信賴。

前來內蒙之際，我隨身攜帶了寶丹等其他各種藥品，所幸身體健康無恙，無需服用，於是便隨時將藥品送給女學堂的學生或者附近居民，其藥效之顯著，連我都大為驚訝。我剛到內蒙不久，見到一位長期苦於身上長癤子的患者，我便將清洗用的硼酸水和塗敷用的軟膏送給那個人，結果僅僅三周時間便幾近痊癒。首戰告捷，大獲好評，我旋即成為超越喇嘛僧的名醫。

來找我的有這樣一些人：汙穢不堪，望之令人很不舒服，面色蒼白，無力地挪動腳步，有如蟲子爬行的速度。我分別用藥加以治療，二、三周之後，有人恢復了健康，前來致謝：「多虧您，我病好了！」此時，我是那麼高興、那麼暢快，甚至覺得我比他們更想說聲「謝謝」。我當然不會收藥費和診費，他們的感激之情無以復加，聽說私下如此議論：「我們要是對先生不恭敬啊，會受老天懲罰的。」

正當時令水果上市，許多學生家長，將自家栽種的西瓜、蘋果及其他水果送給我，以表達謝意，如此一來，我的房間裡，經常堆放著二、三十個大西瓜。今天還來了一個可愛的女孩，一邊說著事先想好的日語，一邊把東西遞給我。她說：「老師，我給您帶來了葡萄和西瓜，我媽說了，家裡還有好多別的水果，老師您喜歡什麼，儘管告訴我們。」聽著那可愛的蒙古少女說著這樣流暢的日語，我的欣喜無法言喻。

福晉的日語近來也進步顯著，前幾天還對我說：「先生，我女兒感冒了，她不愛吃藥，我很發愁。」還有，「先生給的藥特別好，我很喜歡，喇嘛的藥，我不喜歡。」等等，說得特別流暢。

福晉性格極為開朗活潑，酷愛騎馬。總的來說，蒙古婦女一般都愛騎馬，年輕的女子跨上駿馬，那揚鞭馳騁的英姿，給人一種說不出的美感與快感。福晉事先為我預備好了一匹馬，剛到王府不久，她便勸我試一下。我是第一次騎馬，心裡特別沒底，好歹開始了練習，最近終於可以騎馬跑上幾公里了。

四、王爺、福晉及其日常生活

跟其他諸王相比，喀喇沁王爺的家庭大不相同，也就是說凡事均有規矩，而且一切事物都很開明，這不恰恰顯示出王爺與福晉不同於一般中國人的保守、固陋，而是具有進步向上的頭腦以及付諸實施的才能嗎？王爺今年三十四歲，秉性聰明，日趨成熟，善於冷靜地洞察周圍的情勢，處理事物能切中要害。而福晉則豁達聰穎，是王爺的最佳良伴，夫妻和諧。

去年，王爺以私人身分前往日本，觀看了當時在大阪舉辦的日本勸業博覽會，他所關注的絕非普普通通的觀光遊覽。正是憑藉此次對日本的考察，回國後，王爺針對植樹造林及行政管理等方面，厲行多項改革，而創建女學堂的想法也萌生於此際，加之福晉的熱情支持，終於得以實現。

王爺又是一位崇尚剛直正義之人，對家臣中的阿諛讒佞之輩深自厭惡。他曾昂然說過，北京朝廷對自己信任倚重，他心下了然，也十分清楚怎樣做會博得信任，然而，自己絕不容忍違背良心的行徑。女學堂成立之初，王爺叫來自己的妹妹，也是學堂的學生，年紀二十，嚴厲告誡她，今後一律不得穿著綢緞衣服，而應與其他學生一樣，著棉布衣服，學習及其他用品，同樣也要以樸素為宗旨，若有違背，不許進入學堂。於是，王妹嚴守其訓誡，當王府為學生們提供午餐時，她會親自在其他學生中間忙碌安排，熱誠招待。

對於王爺而言，近臣或重臣的進言獻策，也僅僅是參考而已，最後的決定，必須依賴他自己的判斷。假如王爺是這樣的一個人：缺乏判斷是非的洞察力，缺乏將信念貫徹到底的勇氣，而一味盲目聽從重臣之言，那麼在日俄戰爭當中，王爺就不會作為日本的支持者，暗中給予我們援助。有鑑於此，我們之所以說王爺乃是中國人當中的翹楚，絕非言過其實。

福晉一向崇尚進步與文明，恥於保守和野蠻。為使領地內的人民生活幸福，她認為必須吸取先進國家的文明，於是，對於王府家庭的日常生活，她樣樣都要進行改進與革新。每當被他人勸說或受到壓制之時，無論是非對錯，她通常都予以抗拒。這既緣於福晉天性爭強好勝，也因為她頭腦敏銳。

福晉熱愛自由而充滿活力的運動，經常到郊外縱馬馳騁。並且每天到女學堂，和學生們一同學習，上習字課時還要幫忙教授學生，對待年幼的學生，會手把手地指導她們運筆的方法。有一次，福晉不小心衣服沾上了墨汁，她說：「先生，我在衣服上習字呢！」我便回道：「那您的字一定大有長進啦！」言畢，一同大笑。

福晉又是一位很重感情並容易動情落淚之人，一旦獲得她的信任，無論外人抑或外國人，都會被她待之如親妹妹一般。她對側福晉所生的兩個女兒視同己出，疼愛有加。這個王府之家得以充滿溫情，總是令人如沐春風，而絕無我在南方官宦之家所見到的寥落沉悶，應當首推福晉之懿德。

另外，王府裡凡事規矩嚴明，尤其是王爺，相當注重時間，夏日六點、冬天七點準時起床，從來不差。晨起洗漱之後，更衣，直奔佛堂，念完經，徑直去太福晉處請安。

退出之後，再回到自己房間，一邊讀報，一邊讓人伺候梳理編結頭髮，然後再更衣，去政務室辦理公務。

中午回後宮午餐，然後再繼續辦理公務，若有閒暇，會研讀日文、法律、數學等書籍。下午五點返回後宮，六時晚膳，之後從八點開始，在後宮與福晉一道學習數學和日文，大約兩個小時。按照中國習俗，通常外人不得進入後宮，而我卻獲得特別的信任，得以自由出入，夜晚還給王爺、福晉授過課。

王府裡十點鐘就寢，自此時起，守夜的人要每個鐘頭巡視一遍火情，敲打梆子以示警戒。這項規定，一年三百六十五天，天天都要嚴格遵守執行，不許有絲毫差池。在嚴格的規定當中，包含著一團和氣，在和氣之中保持規矩，追求進步——這些令我感到意外，亦足以讓我明白，內蒙絕不會永遠處於現代文明的沙漠地帶。

五、王府一年中的儀式活動

從正月起到十二月，每月固定的儀式如下[6]：

6　以下原文為中文，如實記錄。

正月

初一日　新年祭神、祭祖、拜年
初二、初三、初四、初五日　新年
十四日　燈節
十五日　上元節　大廟跳步劄[7]
十六日　燈節
十九或二十、二十一日　開印
二十五日　添倉節[8]

二月

初二日　名二月二日，是日所有新年各事俱已完畢

三月

無事，或二、三月內清明節，祭祖墳

7 蒙古喇嘛教寺廟舉行法會時的一種宗教儀式。蒙古語，意指「驅魔散祟」，俗稱跳鬼、攆鬼、打鬼。從西藏傳入，流行於內蒙、青海等地。

8 原文「添倉印」似應為「添倉節」。

四月

初十日 家廟大祭

十五日 大廟跳步箚

十八日 各廟有廟會，名娘娘廟會

五月

初五日 天中節

六月

十三日 祀龍神，農家多於是日成立青苗會

七月

初三日 祭鄂堡，即祀[9]社稷也

初十日 家廟大祭

十五日 中元節，祭祖墳

八月

十五日 中秋節

9 原文「妃」似應為「祀」。

九月
初九日　重陽節，是日無事

十月
初一日　祭祖墳
初十日　家廟大祭
二十五日　廟中有會，黃教之教主宗喀巴圓寂日，廟中燃燈

十一月
無事

十二月
初八日　臘八粥日
十九或二十、二十一日　封印
二十三日　祭灶日
三十日　辭歲，迎新年

第八章　毓正女學堂

一、促使學堂及早開課

從諸多方面而言，我覺得女學堂有必要儘早開課，於是在抵達王府翌日，即十二月二十二日，便去拜見福晉，陳述了我的想法。福晉說計畫在陰曆一月開學，到陰曆一月尚有一個多月，我不願意無所事事地度過這段時間。不僅於內蒙古方面不利，尤其對於我們日本也是諸多不利。遷延時日，在此期間，會發生怎樣的變故？給我完成任務會帶來怎樣的困難？難以逆料，我甚至有些害怕。於是，我多方進言，終於確定在本月二十八日舉行開學典禮，我立即進行準備工作。

從北京出發，連續九天的騾馱轎之旅，我一天也不休息，立即著手準備，一周後，女學堂即將開學。儘管如此倉促，幾近魯莽，但不管怎樣，我認為先要促使學堂及早開課，具體事務的合理安排留待以後慢慢進行。

王爺馬上向旗內發佈了通告，說明即將為女子創建一所學堂，勸告大家儘量送女兒前來就學。另外，為了哪怕多招攬一個學生，王爺還擬定了各種獎勵辦法，諸如提供學習用品及午餐等等，而我則夜以繼日地忙於校規的制定，吩咐別人製作課桌椅等事務。校舍是先王在世時建的一座戲院，稍加修繕而加以利用。校名「毓正女學堂」是王爺確定的，他說「毓」和「育」字同義。

最終學生人數達到二十四名，包括王妹、後宮的侍女以及居住在王府附近的官吏之女。

二、開學典禮

十二月二十八日，開學典禮終於如期舉行。是日，王爺、福晉以及王府附近的士紳、女士等二百多人光臨，是王府罕見的盛況，儀式結束後，大家一同攝影留念後離去。當天儀式的流程由王爺親自確定，因與日本女子學校開學典禮稍有不同，特附載如下，以供參考。

開學典禮流程

一、聞鈴。學生齊集講堂就坐。

二、聞鈴。王爺與福晉上講堂，學生起立，行鞠躬禮。

三、聞鈴。總教習河原上講堂，學生起立，行鞠躬禮。

四、福晉演說。

五、總教習演說。

六、來賓演說。

七、總教習聞鈴下講堂，學生仍起立，行鞠躬禮以送。

八、王爺與福晉聞鈴下講堂，學生仍起立，行鞠躬禮以送。

九、學生均起立，分兩行對立，行鞠躬禮，以盡同學道。

十、禮畢下堂。

福晉演說要旨如下。（*中譯本註：本書日文初版如實刊登演講原文，唯再版時改採日文意譯；此處依再版的日文中譯）

男子和女子本來是平等的人，但我國卻認為「女子無才便是德」的說法是對的，一般不求學是極普通的。但是大家想想看，作為一個人，假如不學習的話，得不到知識，沒有見解，不是成了一個沒用的人，白活一輩子嗎？男女本來應當是平等的，之所以男人高貴女人卑賤，原因完全在於由一方學習，而另一方卻不學習。

凡是男子，有符合男子分內應做的事業，女子有符合女子身分的事業。關於國家的事，男子應當專心盡力地去做，家裡的工作主要屬於女子的責任。假如女子沒有學問，又缺乏才能的話，男子就不得不兼做家裡的工作，其結果就要耽誤屬於男子分內的國家事業。因此，去年冬季設立了崇正學堂，今年夏天設立了守正武學堂，現在為女子又開設了毓正學堂。

然而，不懂這些道理的人們，說什麼設立這些學堂不經濟啦，什麼白受累了等等，好像做了多餘的事情似地進行反對。至於世界各國的興盛與蒙古的衰弱是由學與不學給區分開的，這一點他們還沒有察覺到。

女子教育是非常緊迫而重要的。女子結婚後，成為一家的主婦，要處理家務和教育子女，哪一樣都需要知識。所以各國都在發展女子教育，甚至普及到了沒有一個文盲的程度，連我國的男子也不及他們女子進步。這些事情在短時間內是很難詳細說明的，但總的說來學習文化是獲得各種知識的根本。一切禮貌、舉止、言談等等，對於女子來說也是極重要的。把這兩方面的事情細緻地加以分析研究，通過學堂來完成的話，蒙古的婦女們也能和各國婦女一樣，是能夠進步的。

這次河原先生不遠數千里，來到了我們這裡，大家要聽從老師的教導，努力學習，不要虎頭蛇尾，要始終堅持貫徹下去。只有這樣，從事建校官員們的勞累、王爺和我的一片苦心才不算白費，我們再也沒有比這更滿足的了。

福晉演說之後，我登上講壇，完全是把福晉剛才的演說加以明確，大致說了如下一番話：「鄙人不才，到底能否完成這一重任，從而不辜負福晉的期望呢？內心甚為不安。為回應日中親善的國家要求，我甘願奉獻自己。自從前幾年開始從事中國女子教育以來，我相信這一重任乃是天賦使命，為此我當竭盡全力。」

我演說時，先由姚先生翻譯成北京官話，再由王爺翻譯成蒙古語。姚先生是南方人，曾在日本駐中國公使館供職，其後在守正武學堂擔當教習。我的左邊是王爺，右邊是姚教習，面前是二百多位與會者，當我站在精心佈置過的講壇上，一瞬間，內心有一種無法言喻的莊嚴之感，緊張的同時，愈發感到責任重大。

當天出席典禮的日本人，有守正武學堂的伊藤柳太郎大尉和吉原四郎先生（二人後來均為特別任務班的烈士），吉原先生作為來賓，做了如下演說：

舉凡顯赫有形之事功，人皆見之，而瞑然中無形之力量，洞察者甚少。然則，功成而非成於功成之日，必定其來有自。蓋人生或流芳千古，或遺臭萬年，乃至國家之興盛衰亡，若仔細推究其由來，當知絕非盡屬男子，功罪理當與女子平分。毋寧說，女子乃社會國家之原動力，若言所有事業半為女子成就亦不為過。人們只知男子之表面功績，卻不知女子暗中之功德更偉大，此所謂僅見社會之一面，而忘卻整體。翻閱古今史籍記載，或某人傳記敘述，任何時代，任何人物，無不直接或間接受到女子影響。

然而，時事變遷，國運興衰，倘悉歸男子之力，卻忽視女子重大影響，無異入花園只欣賞美麗花朵及其芳香，卻不思園丁苦心經營，實不足共語花者。故如前所論，將過往歷史僅書寫為男子歷史，而忘卻女子功績，畢竟只描寫了半個社會，此乃古今史家之過失矣。將來編纂史籍，務須兼顧社會國家全部力量，書寫男女雙方歷史。

然何為女子之力量？何為女子之事業？曰：作為賢妻，輔助丈夫，苦樂與共，令丈夫將其志願一以貫之，終其職責；作為良母，教育子女，令子女天賦能力得以充分發展。發揮女子獨特性情，在社會各方面承擔並經營男子無法顧及之事業。此必為女子天職無疑。

然而，縱觀東亞女子教育方法，自古以來便忘記了社會原動力這一由來，而以旌表孝節，約束女子言行之類消極方法為之，能事畢矣！惟缺少思索如何積極教授他人，幫助他人，或者起而行之的進取氣魄。認可女子之能量，絕非不認同賢妻良母可貴，然而，實際上對於此類女子教育傾注全力者卻寥若晨星。古人所謂「性相近，習相遠」之意，唯施於男子教育方面。近年來，有識之士逐漸認識到女子教育之重要，然而，時日尚淺，並未顯現普及繁榮局面。此不但為女子憾事，洵屬國家之不幸矣！因此，欲圖國運隆盛、社會發展，必先傾力於女子教育。蓋與國基礎在於培養人才，培養人才之根本在於女子教育。

今喀喇沁王爺處蒙古一隅，置身於其他寂寂不聞諸王公之間，而獨具遠見卓識，夙察世界形勢，以社會趨勢為鑒。先建小學堂、武學堂，今又新設女學堂，以此奠定文明教育根基，洵堪慶賀也。

夫內蒙之地，不啻清朝之藩屏，亦東亞一大長城，內蒙之興衰甚至關乎東亞全域。世人但知內蒙幅員遼闊，地理位置重要，歷史博大，卻無人期冀此地繁榮昌盛。王爺創建女學堂，實足以令整個東亞深受鼓舞。在東亞女子中，蒙古女子向來體質最強健，加之精神頑強，自古以來，有史為證。如此女子，再接受文明新教育，其顯著效果將超乎想像，而況學堂總理由福晉親自擔任乎？本學堂日後定將成為內蒙古文明潮流之源泉，內蒙繁榮昌盛之基礎，余對此堅信不疑。

尤為可喜之事，女學堂總教習河原女士為日本人。當今世界，文明之國多多，如日本之類毋寧屬於後進之國。然而，王爺卻將傳播此一文明精神重任賦予河原女士。女士責任重大，影響亦廣大。此誠女士一己之榮，不亦女士與吾國俱榮乎？

守正武備學堂教習　吉原四郎

光緒二十九年十一月十日

開學典禮舉行完畢，諸事順利。翌日（二十九日）休息一天，三十日開始授課。毋庸贅言，王爺、福晉相當滿意，而我承擔的其中一項工作，如此邁出了第一步。

三、校規

女學堂的校規，原稿由我擬就，王爺將其譯成漢文。

第一節　宗旨

第一條　發達知識，健全身體，養高尚之性情，立賢良之基礎。

第二節　學科　學年　學期

第二條　原設尋常科，備年幼聰明者肄業；續設高等科，備卒業後升入；另設專修科，備年長有志者研求；特設補習科，備充補學力之不足。

第三條　學科之分列如下

修身　課本、口授
蒙文　講讀、拼語、作文、文法
漢文　講讀、拼語、作文、文法
日文　讀本、會話、作文、文法
歷史　中國、外國
地理　中國、外國
算術　珠算、筆算
理科　博物、衛生、生理
圖畫　自在畫
家政　禮式、衣服、裝束、烹調、料理、住居、使役、簿記、看護、育兒
裁縫　縫法、裁法、完成法、疊藏法
音樂　唱歌、洋琴

第四條　體操　遊戲、普通體操

第五條　學年　每年二月十五日開學，至十一月十五日放學，是為一學年。每學年分為三學期，自二月十五日至五月十五日為第一學期；自五月十五日至八月十五日為第二學期；自八月十五日至十一月十五日為第三學期。

第三節　職員

第六條　總理一員，總理堂中一切事務，福晉當之。

幹事兩員，分司庶務書記。

總教習一員，總理教務。

蒙文教習一員。

漢文教習一員。

門公兩員，稽查學生出入，管理門戶一切事，宜以年老有德之男子任之，以年老有德之婦人佐之。女當差數員，司傳遞及掃除堂舍等事，以年老及壯年無習氣之婦人任之。

第四節　經費

第七條　蓋由公家支付，不取私家分文，以示提倡（如有深明義務，自願捐款助經費者，隨時斟酌）。

第五節　年齡

第八條　年齡八歲以上，專修科不在此限。

第六節　入選

第九條　無論貧富，女子品行端正、體質強健者均堪入選。

第七節　時間

第十條　每日五小時，自上午十時至下午四時，惟冬日自上午十一時至下午三時。

第八節　考試

第十一條　考試分為二種，曰大考、曰小考。大考於每學年末行之，合式者升班以進；小考於每學期末行之，憑其優劣以定席次。

第九節　憑照

第十二條　卒業者授以卒業憑照，年長而品學兼優者，加給特別憑照，准其充當本堂副教習及其他小學堂教習。

第十節　年限

第十三條　尋常科四年，高等科四年，專修科三年，補習科二年。

第十一節　休息日

第十四條　定例如下

一、星期日
二、星期六[1]半日
三、清明節
四、家廟大祭日　四月初十日
五、端午節
六、王爺千秋　五月初九日
七、皇上萬歲　六月廿六日
八、鄂倫堡[2]大祭日　七月初三日
九、家廟大祭日　七月初十日
十、福晉千秋　八月初六日
十一、中秋節
十二、皇太后萬壽　十月初十日
十三、家廟大祭日　十月初十日
十四、學堂開辦日　十一月初十日

1 原文「星期前」似應為「星期六」。
2 原文「鄂堡」似應為「鄂倫堡」。

十五、年假及冬假 十一月十日起二月十四日止（日本國新年假三日：紀元節、天長節、地久節各放假一日）

第十二節 退學

第十五條 學生不准半途退學，如遇不得已之事段，當由家長具事由書呈堂，經總理許可，方准退學。

第十三節 優待

第十六條 堂中僅備午餐，路遠者准其寄宿。

第十七條 來學諸生均以子女相待，務使人人如得家庭之樂。

第十八條 學生如有身體不爽，驗係確實，准其停學數日。

第十四節 服式

第十九條 一律藍布長衫，距袖口二寸。第一年生釘黑帶一條，第二年生釘二條，餘類推。著黑布快靴，夏戴草帽，冬戴暖帽，不得以華麗競外觀。

第二十條 平日在學堂及途次，遇王爺、福晉、太福晉及王府尊貴，均行最敬鞠躬禮。

第廿一條 對堂中教習及辦事人員亦行鞠躬禮。

第廿二條 對同輩亦行鞠躬禮。

第十五節　學生必要

第廿三條　學生均須正心厲行，養成溫良貞淑之女德。

第廿四條　平日均須厚禮讓，重信義，堅守堂規及教習之教訓。

第廿五條　宜節飲食，多運動。

第十六節　斥退及懲罰

第廿六條　犯堂規，重者當眾斥退，輕者罰如下：

一、訓誡

二、申斥

三、面壁立（輕者個小時，重者兩個小時）

四、立講堂外（輕者兩個小時，重者三個小時）

第十七節　遊覽學堂必要

第廿七條　普通遊覽者，須先一日具名通報總理許可，領有憑簽，即可由幹事領觀。

第廿八條　特別之遊覽人，先一時具名通知總理。

第廿九條　無論普通、特別遊覽人，參觀後，無所疑問即退出，不得遲留。

第三十條　婦女來堂遊覽，僅由門公告知幹事，可領觀。

四、不理解導致的笑話

最初，當旗內的民眾看到王爺將開設學堂，希望讓女子入學的通告時，他們的想法及看法實在出人意料。然而，遙想六十多年前，日本開國之初，同樣也有過許多緣於對文明的不理解而近似滑稽的言行。下面介紹一兩例當地人在背地的談論，未必好笑，只是感到太過離奇。

甲：「這回王府來了個洋人，沒幾天王爺就讓咱們把閨女送過去。要是把閨女送過去了，這些女娃們會咋樣呢？」

乙：「聽說王爺要找一百個女娃子，把她們都送到日本去。」

甲：「送到日本去幹啥呢？」

乙：「說是日本人要吃她們。」

丙：「不對，不是吃，是取出骨頭做肥皀。做肥皀的材料要用人的骨頭。」

丁：「不是不是，這也不對，聽說啊，照相要緊的是眼睛，他們是要把小姑娘們好看的眼球挖出來，當照片上的眼睛使呢！」

針對我吩咐王府的木匠製作課桌椅，他們議論說：「要是把閨女們送進王府裡，洋人就會把她們關進木籠子裡。啊呀，嚇死人哪，真嚇死人哪！在這麼一位王爺的底下，真不知道要遭啥殃呢！」

大致諸如此類。王爺、福晉對於他們的誤解，莫可奈何，歎息不已。而我對王爺、福晉說，課一定要開，哪怕學生只有後宮的侍女們，隨著對實際情況的逐步瞭解，他們一定會主動要求入學的。最終，學堂迅速開學了。終於開始授課了，學生們欣喜非常，一直很用心地學習，她們的樣子如同雙手捧著寶貝一般。王爺、福晉對此十分滿意，福晉天天來到學校，和學生們一同學習。

過了半個來月，王府外邊已經有傳聞，說去了學堂可以學到很多事情。兩個月之後，便有父母主動來要求送孩子入學，王爺和福晉也非常高興。

想來，清朝康熙帝時代所採取的政治策略取得了良好成效，憑藉著喇嘛教，它讓內蒙古的百姓們深自迷信，從而變成喪失了奮發精神的民眾。即便告訴他們如何去做一些好的事情，也難以打動他們守舊固陋的心。因此，首先要讓他們看到事實，要展示實際效果，如此一來，自然會引起他們的關注。等到他們主動詢問或者求教，而你耐心地說明，直至他們能夠信服時，那些知識就不是別人強加於他們，而是他們自發獲得的，因此才能夠深入領會，從根本上理解。我相信這是最好的方法，它緣於我的經驗。

五、學堂情況

進入農曆新的一年，學生數量大增，達到六十名，分成三個年級授課。學生年齡最小的七、八歲，最大的二十三歲，二十歲以上的只有一個人，大部分在十四到十七歲之間。

學科分為閱讀、日語、算術、地理、歷史、習字、圖畫、編織、唱歌（日本歌、蒙古歌）以及體操，閱讀教授日、蒙、漢三種文字。技藝是學生們最喜歡的，她們上編織課時比其他課都高興，學習的效果也好。不知是這個國度的人語言才能特別發達，抑或他們確實頭腦單純，日語記得非常好，短時間內甚至能嫻熟地會話了。學科中成績最差的是數學，授課時我感覺很困難，但是學生們並非不喜歡學，而是很用功，也有頭腦很清晰的學生。

關於歷史和地理，他們根本沒有任何概念，不光是這些學生，大人亦然。於是，我在學堂的會客室內張掛一幅很大的世界地圖，經常在官員們來校時，給他們講解一番，其中不少人是第一次聽說世界上還有比中國更大的國家，著實驚訝。想來，這些人連地球是圓是方都不知道，只知道這個被稱為中國，自己所在的大國家位於中央，西邊是什麼叫西洋的鬧不清的地方，東邊是叫做東洋（指的是日本）的像豆粒兒那麼小的國家，他們所擁有的知識僅此而已。因此，俄國多年的宣傳，在這些蒙古人單純的頭腦之中，也只強化了一個觀念：俄國是個恐怖的國家。

前邊說過，他們稱日本為東洋，這不光是蒙古人，全中國大多也是如此。所以，如果你對那些沒有文化、對世界地理沒有概念的中國人說：你是東洋人，對方就會回答：我不是東洋人，是中國人。在周圍這樣的一群人當中，王爺、福晉竟能在日俄開戰之際，傾向於日本的正義，其遠見卓識，不能不令人深表敬佩。

言歸正傳，學堂裡學生們的學習等用品，全部由福晉提供，家住王府外的學生，由王府的馬車接送。這種馬車好像日本的大板車那麼大，有車篷，二、三匹馬拉車，每天早晨由王府出來，挨家挨戶去接學生，一共兩掛車，在九點半之前把學生們全部接到學校。

十點鐘開始上課，午飯由王府提供，下午四點放學，馬車再將學生們一一送回家。上、下學有馬車接送，學習用品及午餐有人提供，儘管學生們享受到如此優厚的待遇，可是卻見不到家長們有什麼感激的樣子。待到教育的實際效果逐一顯現，他們終於表露出感念之情。

為讓學生們練習會話，學堂設置了同窗談話會，規定如下：

毓正女學堂同窗談話會規則

一、本會稱為毓正女學堂同窗談話會。

二、本會以增進學生之智德及練習語言為目的。

三、本會以毓正學堂之學生為會員。

四、會場設於本學堂，每月第一個星期六開會，談話中各守肅靜，不得有喧嘩之舉動。

五、本會設如下之職員：

會長：總理會務。

副會長：輔佐會長，會長有事時可代之。

幹事三名：受會長之旨而司會務。

書記一名：承會長之指揮而司庶務，有時副會長兼之。

六、職員以投票定之，任期一年，但同一人得再選。

七、議事之可否，以過半數決之，可否同數之時會長決之。

八、其他要件，可臨時增定。

這樣經過一段時日，學堂漸次規範，同日本的學校相比，沒有太大差距。這個國家的女子，原本都是在極其散漫的家庭中，無拘無束地成長。開始我試圖像日本的學校那樣，井然有序地施行教育，卻終究難以成功。最初的幾個月，我耐心而熱情地予以指導。我堅信，成功的唯一方法，就是讓她們在不知不覺間習慣有秩序的生活。

六、園遊會圓滿成功

關於就學的獎勵方法，王爺、福晉還有我絞盡腦汁。總之，很明確的一點就是，給學生的家長造成哪怕少許煩擾，令他們感覺麻煩即是下策，我們的原則就是不給他們任何負擔，要讓他們感到學堂是再好不過的地方，不把女兒送到這裡就是損失。最好要讓他們主動來要求入學，於是我們採取了如上所述的舉措：用馬車接送學生，學習用品和午餐都由福晉提供，可仍然許久不見效果，對此我深感遺憾。仔細考慮的結果，原因依然在於他們覺得女子教育沒有必要，我相信首先需要在這方面下功夫。於是便給福晉出了一個主意：舉辦日本那樣的園遊會，廣為邀請旗下的百姓，在大家歡聚一堂之際，宣傳教育的必要性。福晉也覺得想法非常好，欣然答應。在果實成熟的八月下旬，園遊會終於開始了。

當天，我們將學生製作的物品陳列出來，供大家參觀，或者讓學生唱日本和蒙古的歌曲給大家聽，還讓學生給大家講一些有趣的故事等等。除了實地展示我們幾個月來的教育成果以外，繼王爺、福晉之後，我也淺顯通俗地向大家說明這一主旨——教育是將來子女幸福的關鍵。前來參加園遊會的大約有三百名官員和百姓，大家頻頻點頭，我特別高興的是，人們打消了對我的疑慮，甚至放下心來。一個女人，千里迢迢獨自從遙遠的日本來到蒙古，這件事在他們聽來的確很恐怖，當地的大部分人把我想像得好似鳩盤荼——相貌兇惡、跋扈、狠毒。而後來我聽說，當人們實際看到我，聽了我說的話，覺得之前的想像是錯誤的，有的人當即糾正了過去的誤解，覺得我是一個非常親切、難得的女子。

這次園遊會取得了意外的成功，隨後，我們每月舉辦二、三次講話會，邀請百姓參加。如此一來，學堂聲名遠播，而對於我個人，以前他們是感到奇怪和恐懼地審視——這個女人從外國過來，究竟要幹什麼？如今卻念及我一個年輕女子，從海外不遠千里來到此地的辛苦，甚至產生了奮發之心：我們這些生活在本地的人怎能過得如此安逸呢？我來到內蒙，竟然成為激勵他們的一個原因，洵屬意外之幸。

第二年八月，也就是明治三十八年秋天的園遊會，竟有許多百姓一路鞍馬勞頓，遠道而來，觀眾達到七百多人，可謂盛況空前。園遊會不單單在教育思想的普及上取得了效果，並且有力地促使王爺與旗下人民的關係更加融和密切，對此，王爺、福晉都深感滿意。

為了日後的參考，特將此日園遊會的日程與活動安排公佈如下：

毓正女學堂園遊會規則[3]

品茶處　中西（中國與西洋）茶　學生四人經理
沽酒處　中西酒　同上
茶點屋　點心水果　同上
學堂陳列所　圖書、外人捐贈品、手工科目學生編織物　同上
博物室　中外古今珍奇品　主管一人、學生四人經理
演說台　俗不傷雅之笑話　領袖一人、學生善辭令者分任之
新樂處　學生唱歌　領袖一人、全班學生任之
古樂處　蒙古樂曲
休息處　分一、二、三等
食堂　分男女兩處，宴上等客
園主　福晉
助理員　七格格
新樂處領袖　河原教習

3 原文為中文，如實記錄。

演說台領袖　汪教習
博物室主管　伊教習
男客招待員　四人
女客招待員　四人
下午一點鐘開會，至四點鐘止
隨意遊覽並聽新古歌樂演說等
四點鐘開食堂，二三等券者是時退出
持一等券者，食畢散會
持二等券者，隨意入茶酒果等處飲食
持三等券者，只准在園內遊覽

園遊會順序

一點鐘　行開會式
學生報告
開會歌
隨意遊覽

學生遊戲

兩點鐘　演說

休憩

遊戲

園遊會歌

三點鐘　燈謎

演說

出售學堂製品

四點鐘　持一等券者入食堂，食畢散會

（二三等券者即時退出）

園遊會歌（喀喇沁王爺作）

人生之樂樂如何？群樂兮樂無窮。佳時令節居秋中，此日良辰盛會逢。凡此皆我學校教育功，凡事孰堪與此群樂同。喜我嘉賓來，其各盡歡哉。旨酒多且有，兄弟姊妹情開懷，茶果佳餚助興趣。古物兼新制，廣列增智識，更有國旗高掛映日明，嗟乎眾志可成城。諸君聽我開會歌，鼓舞歡呼萬歲聲。

樂群歌（喀喇沁王爺作）

合群之樂樂如何？聽我樂群歌。吾儕君非素相識，交臂易錯過，相識不相見。河山風雨相思苦，今日天緣湊合，居然握手團團坐。親乎友乎？誰家親友能比會中多，吾儕同戲同遊同息同聲歌且舞。進取原不讓，終始金玉相磋磨。親乎友乎？試想合群之樂樂如何？

園遊會燈謎

牙藥——謎底：刷牙散

南海的一大島——謎底：太椀　「臺灣」之諧音

東方的一小國——謎底：膏梨　「高麗」之諧音

蒙古人的寶貝——謎底：小米（若在內蒙沒有小米就不能生活）

宋代的學者——謎底：竹子　「朱子」之諧音

寸鐵刺人——謎底：針

秋風之怨——謎底：扇子（到秋沒有人使）

了投厭之——謎底：擦布（嚴寒還得用之）

黃石子的鞋子——謎底：古靴（是當年黃石公穿的）

征人斷腸——謎底：笛子（唐，李益〈從軍北征〉：「天山雪後海風寒，橫笛遍吹行路難，磧里征人三十萬，一時回首月中看。」[4]）

萬里相談——謎底：信紙信封（一片信紙相隔萬里尚可以說話）

七　授課時間表與學生答案

特此將各學科的授課時間表及部分學生學業成績收錄如下，以備日後參考。

時間表（光緒三十一年自三月二十一日至十月十五日）

	星期	10:00-10:50	11:00-11:50	13:00-13:50	14:00-14:50	15:00-15:50
頭班	一	日文（河原）	習字（伊）	算數（河原）	溫習	漢文（汪）
	二	蒙文（伊）	日語（河原）	唱歌（河原）	習字（伊）	歷史（汪）
	三	日文（河原）	體操（河原）	算數（河原）	溫習	修身（汪）
	四	蒙文（伊）	圖畫（河原）	體操（河原）	家政（河原）	地理（汪）
	五	日語（河原）	唱歌（河原）	習字（伊）	編物（河原）	漢文（汪）
	六	蒙文（伊）	圖畫（河原）			

4 原文中此詩別字，予以修正。

二班					
星期	10:00-10:50	11:00-11:50	13:00-13:50	14:00-14:50	15:00-15:50
一	算數（河原）	圖畫（河原）	日文（河原）	漢文（汪）	習字（伊）
二	蒙文（伊）	日語（河原）	圖畫（河原）	修身（汪）	溫習
三	算數（河原）	體操（河原）	算數（河原）	漢文（汪）	習字（伊）
四	蒙文（伊）	編物（河原）	體操（河原）	修身（汪）	溫習
五	日文（河原）	唱歌（河原）	日語（河原）	漢文（汪）	習字（伊）
六	蒙文（伊）	算數（河原）			

三班					
星期	10:00-10:50	11:00-11:50	13:00-13:50	14:00-14:50	15:00-15:50
一	蒙文（伊）	算數（河原）	溫習	日語（河原）	修身（富林泰）
二	日文（河原）	蒙文（伊）	唱歌（河原）	編物（河原）	漢文（富林泰）
三	蒙文（伊）	體操（河原）	圖畫（河原）	習字（伊）	修身（富林泰）
四	日文（河原）	圖畫（河原）	體操（河原）	溫習	漢文（富林泰）
五	蒙文（伊）	唱歌（河原）	算數（河原）	習字（伊）	漢文（富林泰）
六	日語（河原）	編物（河原）			

學生成績中，技藝考察方面的介紹相對困難，故在此介紹筆試答題之二、三種。

漢譯日問題

一 桃花開了
二 梅花謝了
三 您乏了嗎
四 您喝茶
五 給您點心
六 請您把剪子借給我

答案　　頭班　蘭蘭貞（王妹）

一 モモノハナガサキマシタ
二 ウメノハナガチリマシタ
三 ・・・オスカレニナリマシタカ　（加點部分為オツカレ的誤譯）
四 チャヲメシアガレ
五 オカシヲアゲマス
六 ハサミヲアナタノクダサイ　（正確應譯為アナタノハサミヲカシテクダサイ）

答案　頭班　金屏

一　モモノハナガサキマシタ
二　ウメノハナガチリマシタ
三　オツカレニナリマシタカ
四　オチャヲメシアゲレ（加點部分為アガレ的誤譯）
五　オカシヲアゲマス
六　アナタノハサミヲカシテクダサイ

答案　頭班　水仙

一　モモノハナガサキマシタ
二　ウメノハナガチリマシタ
三　オツカレニナリマシタカ
四　オチャヲメシアゲレ（加點部分為アガレ的誤譯）
五　オカシヲメシアゲレ（加點部分為アガレ的誤譯）
六　アナタノハサミヲカシテクダサイ

以下為光緒三十一年八月（明治三十八年十月）舉行的三年級第二次考試中的各科考試題及二、三名學生的答案。

日文問題

（一）將下列句子改寫成平假名，加點部分請用漢字書寫，○處請填寫助詞，並將整句譯成漢語。

一　カド○マヘ○キレイ○コガハ○アリマス。コレ○ウシロ○コヤマカラナガレテクルノデゴザイマス。

二　オトトヒカラ、フリツヅイタオホアメデ、ミヅカサ○タイソ一フェマシタ。

答案　頭班　蘭貞（王妹）

一　門の前にきれいな小河があります。此は後の小山から流れて下るのでございます。

二　一昨日から降りつづいた大雨で水かさがたいそ一ふえました。

日譯漢
門前有清涼小河，這河是從後山流下來的。
昨天連下大雨水很流了。
（二）將下列句子譯成漢語。
一　なにかその貓をふせぐよいくふうはあるまいか。
二　だれからならひましたらう。
三　それはたぶんおはなさんがかいたのでございませう。

答案　　頭班　蘭貞（王妹）
一　有什麼防貓的法子沒有？
二　從誰學的？
三　那個是大概是阿花姐所寫的罷。

（三）將下列句子譯成日語。
一　再五六日就要作繭。
二　很聽話的馴良的馬。

答案　頭班　蘭貞（王妹）

一　も、ごろくにちもたたら、まゆをつくるでございませう。（譯者注：原文加點部分答案有誤）

二　よくゆーことをきて、うとなしい、うまでごがいます。（譯者注：原文加點部分答案有誤）

日語問題

（一）將下列各題譯成漢語。

一　只今は秋でございます

二　秋の月はたいへんよろしうございます

三　秋は月もよろしうございますし、果物もありますから、私は秋がすきでございます

四　今年の年がらはどうでございますか

五　今年は果物のとりいれがたくさんございますか

答案　水仙

一　現在是秋天
二　秋天的月亮很好
三　秋天月亮好、果子也有、因為我愛秋
四　今年年成怎麼樣
五　今年果子收得多不多

（二）將下列各題譯成日語。

一　今天天氣悶熱
二　寒暑表到九十五度了
三　聽說從前沒有這麼熱
四　野外逛去了麼
五　這幾天天氣沒準兒，昨天暖和今天很冷，這樣的天氣得病的不少。

答案　水仙

一　今日は天気がむしあつうございます

二　寒暑表は、九十五度になりました
三　うけたまはれば、い前こんな熱さはないそでございます
四　野に行きましたか
五　此のごろは天気がきまりません、昨日は暖和でございます、今日はたいへんさむございます、こんな天気には病人たくさんあります。

接下來介紹光緒三十一年八月（明治三十八年十月）舉行的二年級第二次考試中各科考試題目及兩、三名學生的答案。

日文問題

（一）將以下句子改成平假名，加點部分改為漢字書寫，在〇處填上合適的助詞，並將整句譯成漢語。

一　コノウマ〇ゴランナサイ。ヨクフトッテキテ、ツヨサウデゴザイマセウ。ナ〇シロ〇イヒマス。ヨクイフコト〇キイテ、オトナシイウマ〇ゴザイマス

二　シロ〇イロイロ〇シゴト〇イタシマス。

答案　二班　保貞

一　この馬をごらんなさい。よく肥ってゐて、強さうでございませう。名は白といひます。よくいふことをきいて、馴良馬でございます。

二　白は様々のしごとをいたします。

漢譯　二班　梅

一　請看這個馬，很肥強的様子，名呼白，很聽話馴良的馬。

二　白做種種事

（二）將下列句子譯成漢語。

一　あそこにふたりがつみくさをしてをります。

二　あのつばめは、きょねんきたのでございませう。

三　このこどもは、よそへはゆきません。

答案　二班　玉梅

一　那一邊兩個人摘草呢

二　那個燕子是去年來過的吧

三　這個小孩子不往別處去

（三）將下列句子譯成日語。

一　今天是女學堂的園遊會

二　一會兒也不能放心

答案　保貞（留學生）

一　コンニチハジョガクドウノエンユーカイデス

二　スコシノマモユダンガデキヌ

日語問題

（一）將下列句子譯成漢語。

一　あなたは昨日外出なさいましたか。

二　はい、私は昨日友人を訪ねました。

三　先生はごきげんよろしうございますか。

四　ごいっしょに公園へ散歩いたしませうか。
五　ちょっとおまち下さい。

答案　　二班　保貞

一　您昨天出門了麼
二　是我照[5]朋友去了。
三　先生好麼
四　咱們一塊上花園子溜達去吧
五　請等一等

（二）將下列句子譯成日語。
一　這是很累贅的事情
二　今兒好天氣很暖和了
三　天不早了回去吧

5 「照」似應為「找」，因是學生答案，如實翻譯。

四 我們到了花園了

五 外頭有南風土很多

答案　二班　保貞

一　コレハタイヘンゴメイワクナコトデス

二　コンニチノテンキハ、タイヘンアタタカニナリマシタ

三　オソクナリマシタカラカヘリマセウ

四　ワタシドモハコーエンニキマシタ

五　ソトハ、ミナミノカゼガフキ、ホコリガタイヘンタチマス

作文

春　二班　保貞

我非常喜歡春天。要說為什麼呢？因為各種漂亮的花兒競相開放。我愛春天。

春　二班　玉梅

春天，各種花兒開了，非常漂亮。許多的鳥兒飛來了，非常有趣兒。我喜歡春天。

第九章　雪中梅

一、我與敢死隊的來往

在內蒙，我表面的工作是喀喇沁王府的教育顧問，開創了旗內的女子教育，關於這一點，前幾章已略有敘述。那麼，背後的祕密使命究竟是什麼呢？若是詳加敘述，便成了破解當時不為人知的祕密的最佳線索，很遺憾，我依然有所顧忌，因而只能將大部分省略掉，只簡略記敘一下。

我是明治三十六年十二月來到喀喇沁的，在幾個月之前，也就是同年的七月份，陸軍步兵大尉伊藤柳太郎前來此地，協助創建了武備學堂。這所學堂的創立，也是源自王爺在參觀大阪博覽會時，深感日本的軍備整然有序，遂決意喀喇沁右旗也要形成相應的軍備，於是向日本參謀本部的一位要人請求幫助，透過他的介紹，極其祕密地聘請到伊藤大尉，由大尉承擔了這項任務。

伊藤大尉住在武備學堂內，距離王府大約一日里，而我住在王府的後宮裡。武備學堂除了大尉之外，還有吉原四郎等兩三個日本人，協助大尉。第二年的一月七日，他們全部撤離當地，其後留在喀喇沁的日本人，就只剩下我孤零零的一個人。

到了二月份，日俄戰爭終於開始了。敵方的北部蒙古人頻頻進入此地，而且，俄國的武官等人還偽裝成英國、法國以及希臘等國的人，或者裝扮成道勝銀行、俄清銀行的職員，或者冒充皮貨商過來做生意，不光在喀喇沁，還在附近旗內大肆出入，採取種種手段，試圖進行各種調查或展開活動。有鑑於此，我要盡可能詳細地弄清相關情況，然後進行報告，並且為了配合北京敢死隊進入內蒙，要一直保持祕密聯絡，協助他們完成任務。

總之，此地只剩下我孑然一身，儘管是一介女子，我也深感自己肩負著祖國的安危，生怕一旦自己躊躇，反被敵國搶了先機，為此心神難安。有時甚至會請求王爺、福晉特別派出信使，連我都會驚訝於自己的大膽。

我在當時極其祕密地送往某處的信中，描述了旗內的情況及內蒙與日俄兩國的關係，現抄錄一段於此：

（前略）旗內的普通百姓並不清楚戰爭是怎麼一回事，要跟他們說明，讓他們弄懂大炮、地雷、水雷以及軍艦等等非常困難。因此，他們對於此次的戰爭，與其說是冷漠，毋寧說是不關心，甚至還不如南瓜花掉落一朵對他們更重要。至於王府內的官員們，卻大體上了解戰爭意味著什麼，而且最瞭解俄國。甚至有一幫人以為除了中國以外，世界上沒有什麼正兒八經的國家，也只熟悉俄國。尤其是他們認為，俄國是一個大國，有錢、有知識，很強大。由此足以證明，俄國的懷柔政策已然深入如此邊陲之地，對於俄國人的堅忍以及畢其功於一役的勁頭，實在是唯有驚歎而已。

據聞，當年先王爺每次赴京謁見皇上，駐京的俄國公使必定宴請先王爺，而宴罷送先王爺回府之際，照例要奉贈黃金四千兩（四千兩如此分配：先王爺一千兩；福晉與第一側福晉【即現王爺生母】一千兩；王子夫婦【即現王爺與福晉】一千兩；眾臣僚一千兩）。如此款待與饋贈，年年不曾或缺，即便公使換任。因此，王府內的大部分，不，幾乎所有的官員都對俄國稱道不已。傳言不少人勸說王爺：戰爭的結局，勝利當屬於俄國，如果現在得罪了俄國，將後患無窮，應速與俄國親善。

雖然王爺、福晉處事極其賢明，並且極富正義感；然而，對於俄國的懷柔政策，多年來王爺亦深有體味，要決定何去何從，殊非易事，我想必然要經過一番深思苦慮。面臨如許重大事情，以我等綿薄之力，本來無所作為，然而當我懷著至誠祈求之心，向王爺說明了日本與朝鮮的關係等問題時，竟獲王爺首肯。最終王爺力排眾議，對俄國不予理睬，而成為日本的同情者。對於王爺、福晉的高情厚誼，我們日本應該十分感念。

如今，諸多俄國人及其走狗北蒙古人[1]進入我所在的旗內，似乎要玩弄什麼陰謀，還有一個自稱礦山工程師、國籍不明的洋人，幾天前開始在王府內逗留，極其可疑。最近，王爺處於利誘與威脅的包圍之中，確切的事實有之。所以，當此之際，我的責任愈發重大。儘管處於如此情勢之下，卻只有我一個日本人，什麼時候、會遭遇到什麼，難以逆料，我隨時準備著。萬一遭逢不測，我雖身為女子，誓願為國捐軀。（中略）

前方戰場上會有壯烈犧牲的勇士們，而在看不見的戰場上，同樣也有為數不少的忠勇壯烈之士以身報國。這群愛國勇士的第一組於二月二十八日到達目的地，第二組由熱河向東進發，第三組於三月十二日、第四組於三月二十日各自到達目的地。最終確定部署，準備就緒之後，他們分頭深入虎穴，其中的艱難困

1 即外蒙古人。清軍入關前，先後征服了蒙古的南部地區，入關後才征服了蒙古北部。清時把後征服的地區稱為外蒙古，把先征服的南部地區稱為內蒙古，始有內外蒙古之分。——參考：汪國均《蒙古紀聞》

苦，絕非筆墨所能盡述。（下略）

以上書信中，因為有一段涉及愛國勇士們，在此略加說明。

我國對俄宣戰的詔書剛一頒佈，便立即在北京極其祕密地組織了一支隊伍，號稱「特別任務班」，其目的在於炸毀中國東部鐵路上的鐵路大橋。這支隊伍總共四十多人，分成四個班，其中的一、二、三班經過喀喇沁深入腹地，我也協助進行準備，剩下的一個班自熱河一直向東，最終我也沒有機會與他們見面。

特別任務班的第一班在途中分作東西兩組，東組除了橫川省三、沖禎介之外另有四人，我恩師的愛子脅光三也在這一組；西組有伊藤柳太郎大尉、吉原四郎（女學堂開學典禮上作為來賓演說之人）及其他四人。兩組人員都裝扮成喇嘛僧或苦力，以免被發現是日本人。可是，由於伊藤大尉和吉原二人途中已經被中國人看過，所以到喀喇沁的這一段路程，索性以日本人的身分，身著軍服出現，而在喀喇沁臨出發之前，迅速裝扮成喇嘛僧。

這兩組人員於三月二十日（明治三十六年）夜裡由北京出發，二十八日下午到達喀喇沁，住在武備學堂。第二天，即二十九日，大家一同去了王府，在汪女士（女學堂教習）的居室，由王爺招待他們用了午餐，閒談一陣兒之後，部分人員返回住處，只有伊藤、橫川、沖和吉原四人一直待到傍晚，與王爺交談了許多。次日，即三十日，在王爺的幫助下，他們弄到了換乘的馬匹，於是，便等待著密使從北京過來。

二、與脅光三的奇遇

二月二十八日（明治三十七年），天氣晴朗，可是颳風，寒冷難耐。處理完日常事務，獨倚窗邊，望著窗外夜幕將臨的天空。只見興安嶺一帶，灰色的雲層在低低地游動，夜幕即將從那裡落下。烏鴉無聲飛去，風寒枯枝零落，遙念故土山巒，獨慰寂寥落寞。正當此時，突然來了一個男僕，遞給我一個包裹，還有一封信，告訴我說：今天王府來了很多中國人，其中一個年輕人讓我把這個交給先生。男僕問我：是您認識的人吧？我心下著急，顧不上答話，趕緊拆開信，一口氣讀完，信的末尾署名是：脅光三。特別任務班的先遣隊終於到達王府了！我暗自舒了一口氣，心中一直惦記並盼望著，不知他們今天抑或明天能到。可我怎麼也想不到，脅光三會在這一隊人當中。去年冬天，在天津，我們曾路上偶然相遇。

這是脅光三信中的內容：

（前半略）我是半路上才得知要在喀喇沁略事休整的，做夢也想不到會見到您。

如果在北京就知道會在喀喇沁停留，就會給您帶點禮物過去，不勝遺憾。包裹中的物品是為了送給內蒙的孩子們而預備下的，東西不多，請您分送給學生們。我們改換了裝扮，擔心被認出是日本人，今晚暫且迴避，明日當前去拜望。

我只是在紙上簡單寫下：「祝賀你們平安抵達。」隨後交給等候的男僕，裝作一副若無其事的樣子。

在看不見的戰線上，為了國家，拚上性命去完成特別的任務，他們個個英勇無畏，他們每個人也都年輕有為。明天要好好慰勞他們，我取出花瓶，插上花草，再展開一幅江戶特有的藝術品錦繪，明天我要把屋子完全佈置成純粹的日本風格。恰好此時，伊藤大尉來訪，他是為了勇士們的事情而來。我們商談了許多有關明天的事情。

二十九日，脅光三與伊藤、橫川、吉原、沖四人一同來訪，他們談論著戰爭的近況等諸多話題，不久我也參與其間，大家高談闊論，好不熱鬧。

此次奮不顧身來到內蒙的愛國勇士一共十二人，他們都是當今的荊軻，忠烈之氣驚天地，殉國之心泣鬼神。諸位完成任務之日，便是俄軍心驚膽寒之時。我衷心祝願他們馬到功成！

雖然我只是個弱女子，力有未逮，但所幸此時我在這裡，如果能為諸位勇士提供些許便利，也算是為報效國家盡了一份力。積雪的沙漠中必須要有嚮導，百里征程必須要有換乘的馬匹，若在平時，馬匹和嚮導也並非什麼難事，可現如今，該如何找到呢？王爺必須置身局外，保持中立，加之王府內的官員們，大部分對俄國抱有好感。於是，通常沒有人會懷疑的事情，而今卻感覺一舉一動都受到監視，多麼難啊！

今天福晉送給我一條新鮮的大魚，我內心祝願勇士們踏上征程，一切順利，便把一條完整的大魚[2]奉獻給他們。橫川起身將冰凍的大魚橫抱懷中，我說：「跟這一身喇嘛的打扮可不協調」，他笑言道：「反正我也不守清規戒律」，然後便離去了。

三月一日，許多事情大致準備就緒，勇士們一心只想及早上路，他們表示要在明天出發，福晉特設茶宴為大家壯行。明日即將懷揣寶劍，深入虎穴的勇士們，今日且自放寬心懷，笑談歡樂。「感覺如同回到故鄉一般」，聽到他們如此說，我心裡特別高興，遂彈奏風琴助興。不久，當他們一一跟我道別時，我頓時一陣難過，陡然間說不出話來，好不容易忍住淚水，只說出一句：「祝願你們勝利歸來！」

脅光三獨自留了下來，跟我說起他離開東京之前與父親（我的恩師淺岡一先生）錯過了，從而失去了告別的機會。他想總該去趟學校（華族女學校），然而，火車發車時

[2] 日本在祭神或喜慶事情時，會使用頭尾俱全的魚。

間在即，這個心願也未達成，再度留下遺憾，因此，他心情特別黯淡。我勸慰道：「這也難怪，不過要是我先回國，會把你的心境感受充分轉達給令尊的，你放心吧。」他聽了非常高興，情緒有了好轉，仔細述說著要我轉達給他父親的話，還充滿懷戀地跟我說起了他自己的身世。

淺岡先生是舊時的二本松藩士，脅光三是他的第三子。當先生一家還居住在位於東京麴町的井伊伯爵[3]府之時，在鄰居脅他三郎——舊時的彥根[4]藩士——的懇求之下，剛出生不久的光三被送與脅家做養子。然而，在光三的十三歲那一年，養父脅他三郎過世了，此後，他便與養母一同居住在淺岡家。有段時間，我經常到先生家裡去，因而便與光三相熟識。

就這樣，他把我當成姊姊一般，詳細地述說著自己的身世，而我也同樣感覺如同在異鄉見到了弟弟一般，還拿出襪子、襯衣等物品送給他。他說真是特別的「餞行」方式，便高興地收下我送的東西，但只有一樣——肥皂，他卻退還給我。他還調侃道：「要是用肥皂洗，好容易煞費苦心裝扮起來的一層畫皮，也該剝落而原形畢露了，以後

3 日本於一八八四年頒佈「華族令」，分為公、侯、伯、子、男五種爵位，一九四七年，隨著戰後日本國憲法的生效而正式廢除。

4 原文「產根」似應為「彥根」。

渾身越髒越好。」

暮色將臨時分，光三站起身來，對我說道：「聽了您的話，我心裡對父母已經完全沒有遺憾，身心都變得輕鬆了。」說完，十分高興地離去了。

三月二日，勇士們本來要在今天出發，由於等待北京的來信，故拖後一天。

吃完早點，來到學堂的會客室，我要寫信給故鄉的人們傾訴心曲。伏在桌前，望著筆下的那些文字，但覺紙短情長。那難以忘懷的山川大地啊！我日夜思念的老父、還有我的師長、朋友，他們的容顏依稀彷彿在我眼前浮現。似夢又非夢，似真而非真，正當我迷離恍惚之際，耳邊傳來一聲呼喚「河原先生」，我回過神來卻四顧茫然，眼前闃無一人。心想，都是自己心神恍惚，以致幻聽幻覺罷了，遂繼續伏案而書。於是，再次傳來同樣的呼喚聲，這次聲音比剛才稍微大一些。我起身朝窗外一看，發現遠處有一個人，真真切切，正是騎在馬上，英姿勃發的脅光三。

我吩咐男僕，趕緊打開幾百公尺遠的側門，請客人進來。我對光三說：「你居然知道後門呢！」他說道：「昨天回去時，我問了正門的守衛，得到了他的許可。」接著又說：「昨天拜託您給我思念的父親轉達一番話之後，感覺神清氣爽。這是自北京出發以來，我第一次從心底感到安心，我的心情難以完全用語言表達。所以，我就想今天再次過來見您，表達我衷心的感謝，我甚至等不及天亮。」他真切地向我致謝，特別高興的樣子。

這一天，光三還託我轉交一封信，是他寫給淺岡家的二哥次郎的，回國後，我送達東京麴町的宅邸。後來得知信中有這樣一首詩：

一朝宣戰，除百年憂。吾黨有士，死贊皇猷。
與安西峙，松華東流。俠骨可埋，此山河頭。

今晚又與伊藤、吉原、橫川和沖等人祕密商談。

三月三日，十二位勇士終於要在今天出發了。早晨我特地早早起床，好歹也要站在城牆的高處，目送他們離去的背影。窗外尚是一片黑暗，連雀兒還沒開始叫呢，可我聽說他們已於深夜時分出發了。放眼望去，但見天空低沉，烏雲密佈，寒風呼嘯，飛雪狂舞。

三、大膽的祕密通信

明治三十七年五月至九月，我努力地在軍事方面做一些協助工作，出於日後的紀念這一考慮，現披露其中的兩三封。

下面是長谷部岩從腹地赤峰送出來的信，他是情報班成員之一，我們倆通常都使用中國人的化名。

其一

沈小姐：

（前略）六月三日，信函特使從本地發出，理應在熱河接到北京的回電，再立即返回本地，然而十幾天過去了，時至今日依舊未接到任何回音，每日翹首以待。我想會不會讓人把信送到了王府呢？因此差人到姊姊那裡詢問，麻煩您打聽一下，之後將結果告訴來人，在下不勝感激之至。僅具事由，餘情容後函稟。

張生　謹啟

六月十五日夜

其二

敬啟者

（前略）每次蒙您不吝賜教，滿懷親切，在下不勝感荷。前次拜託之事，多謝您一費心，從而給我以極大的幫助，而此一幫助，絕非僅限於在下一人。並且從最初我便期望成為一個忠實的傳達者，就是將您所提供的幫助與付出的辛勞傳達給國人，同時，待到和平之後，將您這些發自熱誠而寫就的信函，交給日俄戰爭史的編纂人員，讓眾多的國民感謝您，並且充滿希望地祈願和平。

除了橫川等人，其他人目前情況不明……伊藤等人回到北京之後，立即接到任務，前往山海關方向去了。在北京方面與王爺沒有任何聯繫之前，我想可否如您所言，繼續佯作不知？

附上您信中提及的信封數枚。此地是商業區，居民將近一萬戶，位於漢人城鎮內。您若還需要購買中國商品，儘管告知，請不要客氣。

前天收到幾十頁的公報，奉上供您一閱，閱後請將其燒毀，或者收起藏好。將手頭現有的藥品兩三包一併奉上。（下略）

其三

敬啟者

您每次來信都洋洋灑灑，內容詳盡，且勖勉有加，至為感紉。

關於滯留於王府內外國人一事，已知悉，今後還請繼續關注他的通信物件、與王爺的交往程度等情況，並且若有機會，讓他留下筆跡或寫下名字也是一個計策。如果此時他無端地試圖躲閃掩飾，反倒說明問題（我認為來賓參觀女學堂時，學堂為留存紀念，請來賓在學堂日誌上寫下國籍姓名，此種情形便是正當的藉口）。與他交談時請您使用英語。

關於北京寄發的信函，到達您所在地的日期及其他事宜，俱已獲悉。我想我會一直待在此地附近，直至戰局終結……啊，我要達到一些目的，總有一天，以此告慰橫川君等人的在天英靈！

關於武備學堂……想必您一定遇到了困難。然而，暫時的時局固然重要，姊姊的永久事業更重要。姊姊憑藉頭腦冷靜，置身其間，以巾幗之身，竟能在王府內舉足輕重，使得日本勢力在事實上得到扶植，對此，我心中暗自高興。（下略）

從腹地寄來的信件都要由我分類，需要從熱河拍發電報的，就把它送到熱河；需要直接送達北京的，便派遣特使傳送，諸如此類。處理這些事情，最要緊的就是機敏，碰到幾乎需要拚命才能完成的任務，我感覺那時需要的不是思考，而是巧妙的行動。前段時間，據說由於我屢屢成為俄國方面在王府擴張勢力的羈絆，招致他們一番怒罵，說什麼日本在王府裡安插了一個女人啦，什麼採取狡猾的手段啦等等。鑒於我的王府教育顧問身分，恐怕他們難以公開發難。

既然我被王府內眾多對俄國抱有好感的人所憎厭，因而危難何時降臨己身便也難以逆料。如果到那時，將要在別人的手中結束自己的生命，會令我十分遺憾而不甘，我決意要果敢地自行了斷。於是，來內蒙之前父親送給我的那把匕首，我會隨身攜帶，須臾不離，防身用的手槍也總是置於身邊。而且，我總是將行李整理好，以便隨時發生意外均可應對。一邊是表面上的工作，另一邊是暗地裡的任務，如此兼而顧之，令我心力交瘁。

四、陪伴王爺、福晉進京

王府從十月底（明治三十七年）開始準備去北京晉見[5]的事宜，上至王爺、福晉，下至僕人侍女，每個人都相當費心勞神，忙得不亦樂乎。

十二月初旬，準備終於就緒。十三日，留下路上所需的日用品之類，將其餘禮品及雜七雜八的物品先行運送北京。運送物品的車共計十輛，那種車比日本的排子車還要大，每一輛車裡東西都堆得高高的，由十到十三頭（匹）牛、馬拉著。據說這些運貨車，路上要走大約三十天，才能到達北京，而一輛車的運費不下三百圓。

行李物品運送之後，我度過了十來天忙忙亂亂的日子。二十四日，伴隨著王爺一行，我也離開喀喇沁，前往北京。

太福晉（先王爺福晉）、老太太（現王爺生母、先王爺第一側福晉）、二老太太（王爺妹妹生母，先王爺第二側福晉）以及王爺和福晉，他們五位各乘一乘駱駝轎。太

5　清朝慣例，每年終了，蒙古王公要分班輪流進京上朝值班，稱為「年班晉京」。——參考：李遠江，〈最後的蒙古騎兵〉，《歷史江湖》。

福晉與福晉坐的轎子，轎身裹著紅綢緞，四角垂下的穗子也是如火一般的大紅色，那一種美麗，那一份華貴，無法描述。據說這種大紅的綢緞及穗子，只有親王家下嫁的格格的轎子才能使用，乃是朝廷特許。

王爺乘坐親王規格的轎子，我也乘坐福晉賜給我的駱駝轎，王爺的妹妹及王爺的女兒乘坐塗成紅色的中國馬車，其他人全都是普通的中國馬車。加上護衛的士兵、貼身侍衛以及隨從人員等等，共計一百五、六十人，騾馬也達二百五、六十匹之多。據說如此龐大的晉見隊伍，一次開銷大約需要兩萬兩，類似於日本德川幕府的參覲制度。由此足以推知，清朝是如何恐懼蒙古勢力的增強，又是如何處心積慮的消耗其財力。

從王府到上瓦房有十清里路程，學堂裡可愛的少女們一直將我們送到那裡。到了上瓦房，立刻停下駱駝，我下了轎子，與她們暫且告別。雖不唱陽關之曲，可她們的面容卻分明在吟唱著無聲的哀婉之歌，彈奏著無聲的悲戚之曲……舉目四望，大山似乎也在依依惜別，路邊的楊樹彷彿也在戀戀難捨，怎不令我傷悲？學生們前前後後、左左右右將我團團圍住，她們抓住我的衣袖，拉著我的衣襟，大家一起啜泣，有的人還放聲大哭。終於到了要說「再見」的離別時刻，她們聲音哽咽著，異口同聲地對我大聲呼喊道：「先生，您要早點回來啊！」我難過得說不出話來，唯有拚命點頭。

不颳風，也不下雪，天氣也不太冷，有時甚至是晴暖的小陽春，然而，冬天終歸是冬天。那茫茫荒野上的顛簸之路、山谷間的險峻之路、河流中的艱難之路等等，與去年十二月，我坐著騾馬轎來時的經歷沒有太多差異。既然此次也沒有什麼稀罕事，我便只記錄一下有關旅館的二三事吧。

即便是王爺、福晉的下榻之處，旅舍也並無什麼特別的準備，許多地方的蜘蛛網依然如故。每次還差七、八清里將到旅舍時，會有四、五名隨從騎馬先行趕到，在王爺、福晉的房間，還有太福晉及兩位老太太的房間內掛好垂帳。這種垂帳類似於日本的蚊帳，有一面可以撩起來，這能掀開的一面對著門口，以方便出入，屋子裡還要鋪陳一些布什麼的。總之，就是要用一些雅緻的小飾物，將房間臨時佈置並裝飾一番。

王爺、福晉一行抵達旅館時，先行到達的侍女們要手持拂塵出來迎接。如果那天颳風，她們就得用拂塵拂去落在王爺他們身上的那層厚厚的塵土，之後再請進屋內。進了房間，馬上先洗漱，之後王爺與福晉要到太福晉的屋子裡去問安。

然後是喝茶、用餐、就寢及整理行裝等等，所有活動都在這一間屋子內進行。寢具當然是自己帶來的，被褥毯子隨意疊好，把裝著糠的枕頭擱在最裡面，拿一個厚包袱皮兒，像捲草席那樣一裹，最後用草繩捆緊，打開、收起都很省事。

食物多半是出發之前在王府裡做好的，全都密封好帶來，在每一站的旅舍加熱食用，而碰到旅舍備有新鮮的蔬菜或肉類，就讓他們給做。早晨梳頭編髮之後，喝茶吃點心，不用早餐，每日均是兩餐。

喝完茶，臨出發之前，王爺與福晉照例要到太福晉房間去請安。在每一間旅舍，我都很榮幸地與福晉住在同一房間，同鋪而眠。有一次在某家旅館，深更半夜，感覺有人在不停地拉我的衣袖，於是驚醒過來，發現原來摸我的是福晉。問她怎麼啦？她說冷得受不了，睡不著。我便拉著她的手陪她說話，說著說著都進入了夢鄉。翌日早晨醒來，兩人一陣大笑。

路上見到那些沿路的百姓，看上去真是可憐，他們一隻手拿著筐，另一隻手拿著長把兒的糞鏟子，追在我們後邊撿拾馬糞，互相爭搶著。據說馬糞乾了，可以做燃料。有時把馬嚇著了，會遭到車夫大聲喝斥，然而，看他們那架勢，好似撿的是黃金珠寶一般，不屈不撓，一路追隨。俗話說「棄之如糞土」，我想在這裡，用此比喻卻並不恰當。

一月一日，眼見得北京城遙遙在望，當天下午四時，我來到了日本公使館。終於可以用日語隨心所欲地說話啦！此時此刻的那一種歡喜，那一份快樂，實在難以形諸筆墨。

第十章 歸國日記

一、戰爭的終結

作為喀喇沁王府的教育顧問，為了給旗內的女子教育播下種子，我於明治三十六年十二月來到內蒙，轉眼已是兩度寒暑，時間到了三十九年一月。雖然不知道在此期間，我的工作是否不負眾望，然而我的確是盡了自己最大的努力去完成使命。為此，我得到了王爺與福晉的極大信任，這種榮幸令我感到受之有愧；我也贏得了學生們對我發自內心的尊敬；還有當地百姓對我的友善，他們沒有視我為異邦人。福晉幾次對我說：「先生，你做個蒙古人吧！」她的話充滿真情，令人感動。人生難得是義氣！聽到福晉如此一番肺腑之言，我怎能不熱血沸騰呢？

在此之前，即三十七年歲杪至三十八年春天，我伴隨王爺、福晉進京時，雖然學長及友人紛紛勸我回國，但是，福晉對我的極大信任，可愛的學生們與我的感情，這一切都牽絆著我。另一方面，女學堂的基礎尚不穩固，如果只圖一己之安逸而回國，實在有違自己意願。於是，我暫且謝絕了大家的好意，再度前往內蒙，直到三十八年底，為了自己的職責而傾盡全力。所幸無論形式抑或內容，學堂的基礎終於穩固而告一段落，另一方面，日俄之間也恢復了和平。暗中的特別任務亦告結束之後，我冷靜地進行了一番考慮。來到內蒙兩年，加上之前上海的那段時間，我已然在這未開化的閉塞之地度過了三年多的時光，沒有機會獲取新的知識，幾乎無暇讀書，感覺自己的頭腦已漸漸跟不上形勢。以落後於形勢的狀態而長時間停留在這裡，無論對於內蒙，還是對於日本，均非益事。只要找個優秀的人頂替一下，我暫且返回日本，在日本重新學習一兩年，之後帶著新的知識與新的抱負再回到內蒙。

於是，我去找內田公使商談，跟他講述自己的設想。剛好那時小村壽太郎[1]大使也在北京，由於日俄和談條約牽涉到中國，他是前來與清政府進行交涉的。公使徵詢了大使的意見，他們兩位一致規勸我：「你做出了貢獻，實在是辛苦了！這次務必暫且回國。」

然而，我卻打算只要沒找到合適的人接替我，就把眼前的事情辦完之後再返回內

1 在日俄《樸茨茅斯和約》簽訂後不久，日本於一九〇五年十一月，派外務大臣小村壽太郎為全權大使前往北京，與清政府交涉「東三省善後事宜」，最終日本與清政府簽訂了《中日會議東三省事宜條約》這一不平等條約。

蒙。所幸找到了一位優秀的後任，她就是鳥[2]居龍藏博士夫人，鳥居君子。於是，我決定回國，一如自己的初衷，在日本多學習一兩年時間。而所謂眼前的事情，就是帶上三名去日本留學的少女一同回國。

二、帶留學少女回國

一直以來，我都盡可能地按照日本的風格來培育蒙古的女子教育。為使當地成為日本化的根據地，在女學堂，對於日本語及日本文字的教授，我尤其傾注心力，教學生們唱日本歌，將日本的紀元節[3]、天長節[4]、地久節[5]定為休息日。我還在其他日常談話當中，注意喚起她們對日本的憧憬之情，並且，為了實現這一志願，我認為有必要挑選幾名女學生，送她們去日本留學。在福晉的協助下，我們徵求了一些有此意願的人，最終選定三名王府重臣之女，也是在學堂成績優秀的學生，她們是：何惠貞（十五歲）、于保貞（十五歲）、金淑貞（十三歲）。

2　原文「島」似應為「鳥」。

3　二戰後改為「日本建國紀念日」，時間為二月十一日。源於《日本書紀》中神武天皇即位之日。

4　在位天皇的生日，因天皇不同而時間不同。源於奈良時代光仁天皇，之後曾廢止了一段時間，至維新政府時再次恢復。

5　皇后的誕生日，無固定日期，根據皇后不同而時間不同。

我要帶著這三名留學的少女一起回國，來到北京之後，我們等待著一個合適的旅伴。一月二十四日（明治三十九年），終於收到天津總領事伊集院先生發來的電報，告訴我們回國已找到合適的同伴，馬上出發。這是內田公使為了我，事先拜託了伊集院總領事的。然而，明天便是大年初一，中國上下所有的辦公機關都放假，連火車也都停運，因此，今天無論如何必須動身。於是急急忙忙收拾好行李，趕往火車站，乘坐下午兩點三十分開往天津的火車。

內田公使送我到大門口，親切地對我說道：「我有事情，不能去車站送行了，路上當心！」公使館就是我的第二個家，我不由得依依難捨，幾度回眸。火車站來了很多送行的人：肅親王及其福晉派來的代表、公使夫人、服部宇之吉博士夫人、川島浪速夫人及其他僑居北京的貴婦人們。

最令我感覺榮幸的是，喀喇沁王爺和福晉竟然親自專程來到火車站為我送行，我聽說，王爺、福晉都是第一次送外國人到火車站，特別是福晉，跟我說了許多飽含深情厚誼的話之後，又拉著我的手說：「你一定要早點回到內蒙啊！」我答應在一兩年之內。福晉說：「你發誓啊，不許忘了！」說著說著，便抽抽搭搭地哭了起來，於是，王爺的妹妹和侍女（女學堂學生）也跟著哭起來了。此情此景，也令在場的日本貴婦人們淚眼婆娑。我難過得無法自已，說不出一句安撫、寬慰福晉的話，只是流淚、哽咽。發車時間快到了，我將無盡的留戀化作簡短的話語，與眾人道別之後，帶著三個去留學的女孩，踏上了火車。汽笛一聲長鳴，瞬間已駛離北京。

六點多鐘到達天津，總領事及司令官派來的人員前來迎接。承蒙領事厚愛，派來一輛西洋馬車，將我們送達指定的日本旅館——扶桑館。

三個喀喇沁少女是第一次離別家鄉旅行，草木山川，在她們眼中，一切都是那麼稀奇。火車是如何奔跑疾馳的呢？這曾經是令她們頗為困惑的一個大大的疑問。從今天開始，她們將進入日本式的生活，我就像她們的親生母親一般，事事照顧她們。有趣的是，吃飯的時候，她們會偷偷地看著我，我拿筷子她們也拿起筷子，我放下她們也放下，我夾菜她們也夾菜，我喝湯她們也喝湯，要是我不小心掉了一片肉，她們也會如此。令我想起從前日本有個故事，說的是某個村裡的農民，學習彌陀寺的僧人如何做客，好笑的同時，又難免令人憐惜。

晚飯後，我問她們：「想家嗎？」她們的回答也很有趣：「有先生在，怎麼會想家呢？」過了一會兒，大家就寢，她們很快便進入夢鄉。可我頓時感覺自己成了這三個女孩子的媽媽，心裡放不下而難以成眠，三度起身，到隔壁房間去查看，而她們總是一動不動地酣睡著。

一月二十五日，一大早便去伊集院總領事官邸拜訪。才不過兩年的時間，他們可愛的孩子們長大了，變得簡直讓人認不出來。從他們笑容可掬、活潑開朗的樣子，可以想見其家庭的和諧歡樂。我心中如沐春風，他們的盛情款待，令我渾然忘卻了時間的流逝。下午出席了送別會，是天津婦女會的同胞姐妹們為我舉辦的，同樣度過半天快樂的時光。

二十六日，領事館為我們舉辦餞行宴會。

二十七日，應邀參加神尾司令官的晚宴，面對大家的一番盛情，我無以言謝。

二十八日，上午十一點二十分，辭別前來送行的總領事夫婦及眾人，我們登上了前往秦皇島的火車。大沽港的輪船航線依舊為堅冰封鎖。領事先生為我們介紹的同伴是兒島喜代藏先生，他是日本郵船會社天津分社的職員。下午六時到達秦皇島。今晨天津司令官發來電報，說是駐地部隊的官兵們將會前來迎接我，為我提供一些方便。之後，我們立即登上輪船，客輪應該在當天夜裡起航。

二十九日，由於貨物未裝完，輪船依舊停泊在原地未動。有一個暈船的乘客，昨晚和我們一起上了船，說是希望在睡夢中渡過渤海，所以他一上船便進入客艙，蓋上被子睡下了。翌日早晨，早餐時間已過，也沒見他起床出來，侍應生於是過去詢問：「您感覺怎麼樣？」那個人說：「船晃得太厲害受不了。」又反問道：「還沒到芝罘嗎？」侍應生忍住笑，回答說：「輪船昨晚還沒離開港口呢，不可能晃得那麼厲害。」那位乘客滿臉詫異地爬起來，不可思議地睜大眼睛一看——陸地也沒動，輪船也沒動，和前一天晚上一樣，眼前依舊是秦皇島的景物。那麼，船行難道是夢？而船的搖晃難道是心理作用？他自嘲自己一夜勞神，與此同時，頓覺神清氣爽，食欲大振。聞者無不覺得有趣，紛紛議論說，這生動的實例，充分說明暈船就是心理作用。

下午三時半，輪船起航。三個蒙古女孩先是為火車所驚奇，此時再度對輪船感到奇異。那雙看慣了廣袤無際原野的雙眸，此時望著浩瀚的海面，不知她們做何感想？除了感覺奇異之外，似乎找不到語言來表達。令我高興並安心的是，當輪船晃動時，她們臉上毫無恐懼之色，也不暈船。

三十日，早晨便望見了右岸山上的綠色和海濱的白沙，而直到十一點多才到達芝罘。小幡領事前來迎接，帶我們去了領事館。

三十一日，白天在街上閒逛，到了晚上卻特別冷，我打算泡個熱水澡再就寢。下樓問門房：「時間有點晚了，不知浴池關沒關門？」回答說：「開著呢。」於是，我一再叮囑他：「我去泡一下，暖暖身子就回來，你先別鎖門，等我一會兒啊！」說完便去了浴池。浴池在主樓的外面，如果鎖了大門，我就無法回到自己房間了。待我洗浴完畢回來，糟了，主樓的大門牢牢地鎖住了，推也推不開，叫也無人應。我以為是自己的北京官話講得不夠好，當時門房沒聽明白，可是我後來才得知，事實上，那個門房彼時正跟其他同伴玩得不亦樂乎。

我被鎖在樓外面，不知如何是好，無奈之下，過了一會兒，我來到不遠處的領事館人員住宅，講明緣由，請求幫助。幸虧那家的太太和女兒特別好心地幫助我，免得我在寒冷的戶外凍死或者凍成冰。終於回到自己房間，想到自己活活上演了《膝栗毛》[6]中的一齣，實在好笑，躺下之後，還是不由得兀自暗笑。

二月一日，清早起便開始下雪，天地間轉瞬便化作銀白色的世界，我和三個女孩一整天都待在屋子裡聊天。

二日，領事先生率同領事館的諸位工作人員、正金銀行的分行行長杉原先生等前來送行。風浪很大，小船如同一片葉子飄來蕩去，很難靠近客輪，好不容易靠近了，要跳上客輪也非易事。一俟海浪把小船高高托起，便不可錯過這瞬間之機，應趕緊跳上客輪，而一旦失誤，便會落入激浪之中，無比危險。我曾擔心這些蒙古的少女們不適應如此波濤洶湧的大海，怕她們會哭呢，沒想到居然每個人都那麼勇敢，很順利地登上了客輪。

6 《東海道中膝栗毛》是日本作家十返舍一九於一八〇二至一八二二年之間創作的滑稽小說系列作品，之後屢次再版，成為一大暢銷書。其後也有很多人仿效創作，比較著名的有假名垣魯文的《西洋道中膝栗毛》。「膝栗毛」是日語，直譯為：把自己的膝蓋當成栗色毛的馬，即徒步旅行之遊記見聞是也。

三日，終日船行海上。

四日，到達朝鮮仁川港，客輪停靠的位置，正是當年俄國「瓦良格」號巡洋艦被擊沉的地方，這是日俄戰爭留下的最初記憶。放眼望去，但見蔚藍色的大海上，翻捲著朵朵雪白的浪花，海鷗在海面上自由翱翔。眼前雖無一物可訴說當年之情，我內心卻充滿無上的喜悅，渾然忘卻了時間的流逝。

不久，我帶領三個女孩上了岸，加藤領事夫婦去了京城，不在當地。我們只在街上轉了一下便回到船上。這裡的街道商店果然是日本風格的。

五日，下午，客輪駛離仁川港。

六日，到達釜山。有吉領事為我們提供了諸多便利。這裡的街道建築與其說是日本風格，倒不如說跟日本完全一樣似乎更恰當。由於這裡是朝鮮幹線鐵路的起點，所以，火車站的規模很壯觀。我們從這裡搭乘山陽鐵路的聯運船，僅僅九個小時將會到達北九州的門司。

七日，到達長崎，山清水秀啊！三年的時光，我感覺好像過去了十年，而今，面對故國的山水，喜悅的淚水潸然而下。我思念的人啊，他們的面龐不停地在我眼前一一浮現，激動使得心跳的頻率加快。三個女孩一起讚歎著山水之美，她們說：在這麼美麗的國家，待多少年都不會厭倦，不過，一定要努力學習。

八日，進入門司，九日，到達神戶，我在大阪的朋友，一對夫妻，特意跑到這裡來迎接我。於是，我們乘坐下午六點的上行列車，於第二天（十日）上午九點半，平安順利地抵達東京新橋火車站。

餘錄

一、給我慰藉的花草

那是幾年前的晚春時節，樹木已然發出綠芽，雨點灑落在紫丁香和藤花上，我特別思念故鄉親人，內心無限悵惘。就在那天早晨，我收到一封信，寄信人是三瀨真，地址是日本北海道札幌農事試驗場。我不認識這個人，於是懷著些許不安的心情將信拆開。寄信人說他是從婦女報上知道了我，開始的一段話是撫慰我這個客居異國之人的思鄉之情，隨後寫道：「喀喇沁與北海道緯度大致相當，此地的植物在您那裡應該也能生長，您不妨試著栽種一下。」隨信寄來了十幾種花草的種子。字裡行間的真情以及充滿關切的禮物令我分外歡喜，趕緊把種子撒在學堂的院子還有王府的後院裡。從夏天到秋天，在這裡，故國的花草色彩紛呈，開滿了紅瞿麥[1]、金鳳花、桔梗花、掛金燈[2]以及其他各種好看的西洋花草，紅的、黃的、紫的，姹紫嫣紅，爭芳鬥妍。

我看著這些花，聞著它們散發出的芳香，感覺如同在和故國的至親好友喁喁絮語一般，它們總是給予我諸多慰藉。後來，我還時常收到三瀨先生惠寄的書信，信中充滿關切之情。在庭院中的花草屢經寒霜，蟲鳴之音愈來愈細弱的季秋時節，我離別內蒙，踏上了歸國之途，於明治三十九年二月抵達東京。然而，我卻聞知，就在一個多月之前，三瀨先生已然故去，我不知該用什麼樣的語言來表達。夜半風雨，寒梅遭折枝；駕鶴西去，魂歸白玉樓。

我在內蒙古的土地上種下的各色日本花草，如今依舊嬌豔芬芳。然而，饋贈花草種子予我的人卻已不在這個人世。雖然我也不知道自己何時能再見到那些花兒，可是，花啊，願你永遠盛開，用日本的色彩繽紛還有芬芳四溢來裝扮內蒙古吧！

補記（昭和十八年八月）

前幾天，在參加「東洋婦人會」舉辦的活動時，我遇見了滿洲國牡丹江協和會本部、滿洲國國

1 日文名稱為「撫子」。
2 學名「酸漿」。

防婦人會常務理事前田實夫先生，還有和他一同出席的一位滿洲人士。交談中得知，他們聽到有人說起，喀喇沁王府後院的樣子已經完全不同於從前，然而，有人看到，應該是在當年我（操子）散步的那一帶，那些惹人喜愛的紅瞿麥及其他各色日本花草，依舊盛開如昔。那個人本想採下一朵，夾在信封裡寄給我，可是又覺得素昧平生，有失冒昧，故此作罷。我聽了，感動得熱淚盈眶。

二、喀喇沁王爺手翰

下面這封信，是喀喇沁王爺親筆手書。那是在我到達內蒙後不久，王爺寫給日本公使館的翻譯官高洲太助先生的，感謝他在起草聘任合同原稿時所做的努力[3]。

日本公使館
高洲太助先生：

敬覆者。接來函，備悉一切，故躬篤佑，諸多順適，為祝。河原先生已於中曆初三日，安抵鄙邸，一路均好。晤談後，知學問有素，且遠途跋涉，絕無為難之色，志趣甚遠。從茲龍塞雁門同進文明，不第蒙古之幸，亦亞洲之慶也。諸般承閣下分神，今又專差兵辦護送，足見交誼之篤，更見閣下之鼎力，感謝莫名。

---

3 原文為中文，譯者修正了日文版印刷時的別字以及部分斷句錯誤。

寄來合同底稿，既經閣下與內田公使所定，甚妥當，可照辦。現擬本月初十日行開校式，惟此女學本數千年所未有，今幸得良師，雖生徒愚頑，當可向化也，殊堪為全蒙女學起點，慶矣！附函鳴謝。即頌日祺。

初五日

喀喇沁王爺頓首（印）

三、福晉的書信

下面這封信，是喀喇沁王爺的福晉寫給下田歌子先生的，商談關於我聘任期延長事宜。[4]

下田先生妝次：

拜啟。陳者久聞芳名，恨未識荊。鄙地教化未興，人民頑陋，女學尤所未耕。去年曾創辦學堂以開風氣，惟師範難求，幸令徒河原女史具此熱心，不以寒苦肯來教授，感佩之至。茲未年餘而進步之速實出意外，將來鄙地婦女之輸入文

4 同上。

明，無非出自先生也。惟去冬契約暫定一年，今將期與女史續約，多處數年，俾得教化地方，幸甚。尚望函致女史，請其多處，不勝盼甚。再前承厚貺，拜謝拜謝。久慕芳名，未知何日得拜識也。專此敬請文安。

喀喇沁王福晉

光緒三十年十一月十七日

四、下田歌子先生的書信

祝賀戰捷，恭賀新年！

想必你近日盤桓北京。去冬收到福晉惠寄書信未幾，王爺手翰及學生成績單亦相繼寄達，俱已收悉，謝謝。尤其對於續聘一事，甚感喜悅。本應立即函覆，因內田公使近日即將回國，故擬與之商談後再予以確切答覆，是以遲延。公使先生（中略）終於在即將啟程返回北京之前與我會面，我告知以上事宜，公使亦深表贊同，表示一俟返回北京，便著手處理續聘一事。請放寬心，並且望十二分努力為盼。

另，鑒於中國南方女學生入校人數逐漸增加，森芳子希望暫時請假，去學習正宗的北京話。正巧她應邀擔任川島君令嬡的家庭教師，我極力勸說芳子與川島

君一家同行，可能近日將抵達北京。有關國內詳情請向她詢問。（下略）

一月二十日

五、高洲先生致家尊的書信

下面是我回國後，北京公使館的高洲太助先生寄給鄉間家尊（河原忠）的一封信。

河原忠先生台鑒：

拜啟。天氣嚴寒，恭祝您身體康健。此次令嬡離別數載回國，謹致慶賀。去歲數度接讀手書，在下卻每每疏於回覆，至為抱歉。陳者令嬡整整兩年，為喀喇沁王府學堂創立竭盡心力，其效果之好，出乎意料，王爺、福晉二位俱深致謝悃。日前，福晉召我前去，言道：如果可能，希望令嬡在蒙可否延長哪怕半年。且喀喇沁當地諸多惹人憐愛的女孩，蒙令嬡教導有方，如今初沐文明之光，設若她們得悉令嬡此番歸國，乃成永久別離，恐一番勸慰，絕難接受。且於王爺、福晉而言，無異盲人失杖。並託我給您寫信，懇請您勸說令嬡再度來蒙。

對於福晉之盛情，在下固辭不受。想必於您而言，聞聽此等談論時，必定歡喜欣慰，然論及奠定喀喇沁女子教育之基礎，令嬡已然置身功臣之列。此次歸國之後，縱使不再前往中國，福晉與令嬡之間的深情厚誼，亦將保持永年，不會改變。因此，如令嬡一般的人物身在日本，異地支援福晉的教育事業，此亦至關重要。再者，福晉執掌的女學堂，即令從日本聘請其他德才兼備的教師，其事業亦絕無遭受挫折之憂。

況在下如斯言說，內田公使並其他人等並無理由能夠反對一言，便是河原小姐歸國後，理當考慮終身大事，福晉亦知悉此事。在下說明，唯此一事，係河原教習諸位友人盡皆殷切期望之所在。福晉答曰：誠然，此事不敢再提。然而，希望我至少將王爺、福晉的熱切期望，女學生對於令嬡的熱情，以及喀喇沁當地百姓對於令嬡的敬服傳達給您。在下回說：此番情意，即令福晉不予囑託，在下自應通報與河原教習家尊。當欣然命筆，書信致達，且他年倘有面會之期，必將轉述。福晉甚為滿意。（下略）

日本駐中國北京公使館

高洲太助

明治三十九年十二月二十二日

六、伊藤少佐的遺書

河原操子女士親啟：

（前略）今生有幸榮升為第〇〇長，預計不日將出發赴任。眼下於遼陽一帶書寫此信。

有一事拜託姊姊，倘若在戰役中難逃一死，請代為處理我留在內蒙古喀喇沁的書籍及其他若干物品。於王爺有用物品譬如書籍等，請捐贈給王府；不用之物請分給蒙古人。姊姊可以隨意處理，無須將小生遺物轉交給我的家屬。如上所述一切均可酌情處理，再次拜託。倘若姊姊屆時期滿歸國，請將我的遺願轉告與王爺。將我調任之事告知王爺也無妨，但是對〇〇等人請務必要保密。

倘若在戰爭中得以倖存，我定會再度入蒙。數日前於錦州見到了長谷部攜帶的女學生精心編製的一寸大手織工藝品，蒙古人能在短短時日內就製作出如此精緻的工藝品，著實令人驚歎。你們的苦心可見，令人感佩於心。

時值為國效力之際，請務必保重。匆匆。

（原書遺失，缺字之處不明）

明治三十七年十二月十五日

伊藤柳太郎

七、長谷部的書信

拜啟

去王府出差之際承蒙各種關照，並有幸親眼目睹姊姊的事業，深表感謝。途中一切安好，我於十月四日到達錦州，請放心。

戰況容後彙報。據聞這兩三日以來奉天方面正在進行一場大戰，但還沒有任何公報傳來。旅順尚未陷落。

您對女學堂的現狀及學生手工藝品的介紹，加深了我們的認可。您要分與蒙古人藥品一事，我已委託給〇〇君，他將儘快送至我天津的朋友〇〇處，分包別類進行調配後會寄送給您。你們贈與日高先生的禮物，深表感謝。

您給伊藤的書籍也已轉交，正好是當急之需甚為歡喜。伊藤及井戶川也讓我代為問候。

十月十三日

長谷部嚴

八、淺岡一先生的書信

淺岡先生是特別任務班脅光三烈士的父親。

拜啟　河原操子

皇軍以破竹之勢取得勝利，誠是大快人心。對於整個國家而言值得慶賀。據此勢明年定會令敵人垂頭喪氣乞降吧。總之宣戰的目的是為了恢復和平以保國家百年泰平。想必這一天終將會到來。

從近日報紙中得知，遼陽方面一切順利，尤其是第一軍摧毀了奉天、遼陽間的鐵橋及鐵路線，斷絕了敵方的運輸通道，眼下也快將旅順收入囊中。奪取哈爾濱恐要明年春天。據聞今年我們將要在奉天過冬。

河原小姐的事業如何，想必在穩當進行吧？甚感欽佩。獨在異鄉為異客，請務必保重。惟願您身體健康。

橫川、沖二人之死基本確定，其他四人尚下落不明，他們的父母更是焦慮不安，每日都企盼著音訊。

前日〇〇的某來找我，恰巧我不在家，說是橫川省三的遺書到了〇〇處，

因為沒能見到我只好折返。昨天我去拜訪他，又與他擦肩而過未得見面。眼下我又思量著去見他。（下略）

明治三十七年八月二十九日
淺岡一

九、淺岡和歌的書信

和歌是脅光三的妹妹。

河原先生：

久未問候，先生別來無恙？保重身體是第一要事，默禱您身體健康。祖母和我們都安好依舊，請勿掛念。

前幾日收到您誠摯、親切的來信，大家看了以後都抽泣不止。您對哥哥悉心關照，想必哥哥像是回到了家中一般。哥哥出發前往貴地之後給我寫過信，信中說給您添了諸多麻煩，而您待他如親姊姊一般，自己彷彿也變成了弟弟，開心至極。在此表達衷心的感謝。弟弟承蒙您的格外關照，我的感謝無以言表。很想當面致謝，暫且書信一封以表心意。

誠然，戰爭時期，喪親喪子之事為數眾多，哥哥此次事業也是為了國家，定是做好了為國獻身之準備。如今生死未卜，惟願能有確切消息為盼。

我們全家一致向您表示感謝。請您照顧好身體，盼您平安歸國。

明治三十七年八月三十一日

淺岡和歌

十、婦女報社福島社長書信

如下三封，是在日俄戰爭中，關於委託婦女報社福島四郎社長將蒙古學生編製的毛線荷包等捐獻給慰問軍隊一事，福島社長寄來的信函。

其一

拜啟

前幾日收到您的來信，恰逢婦女農藝講習會召開，我與報社均很繁忙，致使回覆拖延，深表歉意。

祝您健康祥瑞，學堂也日益興盛。此次你們將學生製作的手工藝品捐贈給慰問軍隊，實是感激。小包裹尚未收到，但是看了隨函寄來的學生來信，實在是很好的慰問品。陸海軍慰問部隊受理的物品，對種類及數量均有限制，一般而言很難通過。不過若是蒙古女學生所捐贈的話，一定會予以特別對待。絕不會枉費你們的一番厚意，敬請放心。

講和談判也終於得以實現，只不過現在是號外報導。為了世界和平，為了人道正義，實在是可喜可賀。但想必戰後的經營會很艱難。我們當以努力發展國運，以慰眾多戰死的英靈。從這種角度而言，您的工作意義重大。總之請您保重。敬具。

（明治三十八年八月三十日）

其二

和平之恢復，日英攻守同盟之成立，同慶之至。對於講和條約的條件，即便是穩和主義者也是極不滿意的，真是遺憾之至。我想當局者一定是竭盡全力了，其中有的決定也是萬不得已。但是，總之首先要確保我們對朝鮮的完全保護權，既然在滿洲取得了相當的利權，那浦鹽[5]應該不在話下吧？賠償金暫且不說，要出讓庫頁島的一半，確實是當局的失敗。倘若要責難外交的失敗，恐怕誰都沒有非議吧。但是因此意圖撕毀所締結的條約，以致發動暴動，正如在天子腳下發佈

5 今俄羅斯的符拉迪沃斯托克，別稱海參崴，日本人將其漢字寫為浦鹽或浦潮。清朝時為中國領土，一八六〇年，中國將包括海參崴在內的烏蘇里江以東地域割讓給俄國。

戒嚴令一樣，其結果是向世界廣而告之日本國民的幼稚，真是丟臉至極。戒嚴令尚未解除，士兵們配備刀槍守衛在各個緊要關卡，可謂是戰勝國的奇觀。

關於前幾日您寄送的女學生們的捐獻品，我們諮詢了慰問部隊，數量達上千多件以上的話難以受理，考慮到各種情況，終究還是不能讓他們破除常規。倘若捐獻的慰問袋存在此種情況，也得遵循規定處理，倘若有感興趣的物品尚可，但是部隊臨近回國，恐是沒有此般念想了。於是委託給鍋島侯爵夫人，讓她分與傷病士兵。夫人不僅是紅十字會慈善護士會會長，在婦女界也享有重望，經由她來直接遞交，相信會比小型婦女報社顯得更有份量。敬請悉知。敬具。

（明治三十八年十月四日）

其三

國內天高氣清，正值滿山紅葉的好時節，心曠神怡。您別來無恙，事業順利吧？我們也很好，敬請安心。

上封信提到過，前幾日所說的部隊慰問品，已委託給鍋島侯爵夫人，她爽快地答應了。因為件數偏少，尚未確定合適的捐贈地。須與普通的傷病士兵是很簡單的事情，但是現在仍保存在侯爵夫人處，以便不時向來客展示並宣傳從遙遠的內蒙傳來的捐贈少女的溫柔體恤之心。我想委託給德高望重的鍋島夫人，定不會讓你們的心意付諸東流，您斷可放心。

最近大日本女學會（會長鍋島夫人）發行的雜誌《女性》中，在寫真版刊登了前幾日蘭貞、舒靜、水仙三位少女的慰問文章，已經委託該學會贈送您三本雜誌。也請給學生們看一看。

東京市的戒嚴令雖然尚未解除，但騷亂已經完全平息，最近正熱心地歡迎英國艦隊的到來。東鄉大將也將於兩三日內入京，預計二十三日舉行觀艦儀式，眾人翹首以盼。新橋與日本橋之間正在修建凱旋門，非常宏偉壯觀。

（明治三十八年十月十九日）

十一、學生來信

以下幾封書信，是學生們寄給我的，很是可愛。雖有詞語錯誤及表達欠妥之處，但均照原文，予以摘錄[6]。

6 原文為日語，遵從原文翻譯。

其一

河原先生：

最近非常暖和，先生回國可好？我特別想念先生，福晉告訴我們先生來信了，大家都非常高興。學生們每天聽鳥居先生教（授）。前幾天，肅親王來到內蒙，王爺、福晉舉行了守正、崇正、毓正三校聯合歡迎會。我們做的遊戲是先生教的，演說是張老師教的。三名學生去了日本之後，可以學習很多。先生對我們很親切，我們深表感激！再過多少年，先生會來到我們學校呢？我們都非常等待（期待）。我們都用功學習，請先生放心。再見！

蘭貞（王爺之妹）

光緒三十二年四月二十五日

其二

河原先生：

先生福安。生等一切遵依訓誨，時時用功。萬求我師不棄生等，再晤尊顏，親受教誨，不勝盼切仰望之至。

肅此敬請，並叩謝厚賜。

受業　蘭貞敬啟

其三

河原先生：

先生回國之後可好？這裡王爺、福晉、學生等都一切安好，請您放心。聽福晉說先生來信了，我們非常高興。三名同學也來信了，信中說先生待她們像媽媽一樣，她們很開心。我們萬分感激。先生請常常給我們寫信，還有，給我們寄照片哦。學生們都盼望著您過幾年能再來蒙古。前幾天，肅親王來到內蒙，三學堂開了歡迎會，很有意思。我們玩了鳥居先生教我們的遊戲。王爺、福晉都很高興。

舒靜

光緒三十二年四月二十八日

其四

河原先生：

最近進入了夏天，天氣炎熱。先生回國後可好？三名同學跟著先生回國，學生們都很開心，也很感激。鳥居先生每天都熱心地教導我們，我們每天也很開心。請先生放心。每日的功課與之前也差不多，先生什麼時候會再來呢？同學們都很期待。謝謝您給我們寫信。下次再聊。再見。

水仙
光緒三十二年四月二十五日

其五

河原先生親啟：

先生回國後還好嗎？謝謝先生的來信。同學們在鳥居先生的教誨下，一日都不敢荒廢。我們每天都在想念先生。請先生務必再來啊。先生要過幾年再來呢？我們能看到先生的照片，卻無法見到先生本人，大家都很想念您。

秋兒
光緒三十二年三月二十五日

其六

河原先生：

河原先生還好嗎？我們大家都很好。請先生放心。先生要過幾年才會來呢？同學們每天都在盼望著。請先生早點來啊。請先生贈我一些照片吧。

玉梅
光緒三十二年三月二十二日

其七

河原先生：

先生回國後，一切可好？同學們都很好。大家都在鳥居先生的帶領下認真學習。請先生放心。我們都在努力地學習。但是我們很想念先生。請先生下次還要給我們寫信哦。

佑貞

光緒三十二年四月十七日

其八

河原先生：

先生回國後身體可好？這邊同學們一切安好。請先生放心。此刻大家正在讀先生寄來的信，非常開心。謝謝先生。先生回國後，幾年之後能再來蒙古呢？學生們都盼著先生再來。敬祝先生身體健康。

毓正女學堂學生拜上

光緒三十三年十月二十一日

十二、福島大將的書信

我到美國之後，榮幸地獲得天皇授勳，福島大將代我接受了頒發的勳章。下面是他轉交予我時所附的一封信函。

拜啟。久疏問候，甚為抱歉，尚望見諒！正如此前我在明信片中欣悅而言：此次你所獲勳章，實屬無上之榮光，我們全家衷心祝賀！在下已於三日前，將拖延已久的回信，並從陸軍省領取的勳章，託付正金銀行東京分行行長松尾起士先生當面轉交與你，想必不日即可奉達。此番給陸軍大臣及駐北京的青木少將的信函中順提此事，也告知了篠田先生，他甚為歡喜。料想令尊定然頗感欣慰。

請代向令夫婿致意，善自珍重。即此順頌。

撰安！

福島安正

明治四十一年二月六日

十三、串山忠喜的書信

昭和十二年一月，我榮幸地應邀出席皇宮舉行的新年例行和歌會。之後收到串山先生寄來此信，他說看了新聞報導，想起了三十四年前的往事。串山先生就是我前往內蒙之時，從北京到喀喇沁，一路辛苦護送我的那位軍官。

光陰似箭復如夢。明治三十六年十二月，我在執行一項任務。那一日，天寒地凍，清晨五時，我們從萬里長城的關口——古北口出發，向著喀喇沁王府行進。而今，時光已然逝去三十四年矣！說來湊巧，今天我正在教訓子女等人，要他們學習河原女士英勇無畏的日本精神，而當我打開報紙，映入眼簾的，恰巧便是關於您的無上榮光的報導。

當年我與森田寬（如今獨身）一同奉命護送您前往喀喇沁，完成使命後，於十二月三十日返回北京，馬上迎來新年。二月，日俄戰爭開始，我們於滿洲、朝鮮東奔西走之際，仍然數度談論過河原女士平安與否。大正年間，我在報上讀到一篇文章，題為〈我家珍藏的寶冠章〉，得知您一切安好，內心為您祝福。然而，由於不知道您的地址，也未能同您聯繫。老朽已年屆古稀，近來居於有「鐵都」之稱的八幡市郊外，寒衣簡食，耕種一片獨屬於我的田地，安度餘生，悠然自適。

以巾幗之身而揚名千載，您的精神將激勵吾等後半生，令我們振奮，給我輩以生動的教育。軍中服役時期自不待言，老朽歷經大正，直至昭和八年，一直在指導青年及新兵教育之際，宣揚您的精神，我期望將此一精神亦傳諸我的子孫後代。（下略）

十四、長谷部嚴的書信

在本書〈雪中梅〉一章，長谷部嚴和我彼此使用化名，以便聽起來像中國人，以「大膽的祕密通信」相互往來，當時他在腹地赤峰。昭和十二年十月，竟然有了來自他的消息。

拜啟。久疏問候，今不揣冒昧，囑三女千惠送去書信一封，將我自己及家庭情況向您做一番介紹。

距今三十三年前的初夏，我前往朔北喀喇沁，拜訪了王爺還有您之後，到達赤峰，在翁牛特[7]王府潛伏六個月，期間煩擾過化名沈女士的您。由於我化名張

---

7 原文「翁諾特」似應為「翁牛特」。

思福，所以除了煩勞您傳遞北京公使館武官室與我之間的來往信函，還領受了您的種種厚意。

日俄戰爭結束後，我接受北京公使館武官室的聘任，前往山西省太原府的陸軍小學堂任職。我在那裡待了三年，後來把妻子也接到當地，又有了一男一女兩個孩子。長子清（今年三十一歲），畢業於陸軍大學校，如今是參謀大尉，跟隨部隊在上海。兩個女兒出嫁了，還有兩個尚在讀書。

我於明治四十二年從太原回到東京憲兵隊，其後前往朝鮮。大正八年，本應以憲兵少佐軍銜退伍還鄉，可是為了兩個女兒的教育，至今仍在當地（京城[8]）的日滿實業協會朝鮮支部工作。應了那句俗話，「越窮越忙」，雖然我心中一直惦記，卻時至今日才有機會寫信。

前年，我看到婦女報社出版的《河原操子》一書，當我閱讀時，是懷著一種多麼欣喜而眷戀的心情啊！我就是書中第一百十三頁提到的長谷部，下一頁的照片上，井戶川辰之大尉對面，左邊那個戴鴨舌帽的男子就是我。第一百五十九至一百六十三頁的三封書信，每一封都是我滿懷熱忱寫下的，您竟然保存完好（第

8 今首爾。

一百六十一頁倒數第二行的「熱河」應為「赤峰」之誤）。我一直期望能有機會再看到那些舊信。（下略）

十五、三十五年後的喀喇沁

本篇發表於昭和十四年四月二日發行的《週刊婦女報》，作者是福島貞子夫人。

一個春光明媚的日子，在阿佐谷[9]的一宮府邸，一位來自中國的貴客，還有我一同坐在客廳裡，面對著庭園。毋庸贅言，主人便是日俄戰爭秘史中的奇女子河原操子，如今是一宮鈴太郎先生的夫人，貴客是于保貞女士，她是夫人在內蒙古喀喇沁王府任教時的學生之一。

我對于女士說：「你居然能橫下心跑過來。」她回答道：「出來的前一天，傍晚六點來鐘，若林事務官問我：『我要回日本，你要不要跟我一起去？還可以見到河原先生呢！』當時我就下了決心。之前我給先生寄過兩三封信，可能是美國的地址寫得不對，先生沒收到。聽說先生現在在東京呢，我高興得不得了，立

9 今東京都杉並區。

刻便下了決心。當時若林先生告訴我明天上午十一點就出發，那麼倉促，我嚇了一跳。可是一想到能見到河原先生，就什麼也不顧了，就這樣跑了出來。」她日語說得相當流暢，比日本的鄉下人還要標準。

于保貞女士其人，便是三十五年前的留學生之一。她跟隨當時的河原操子先生，與何蕙貞、金淑貞三名少女一起來到日本，在實踐女學校學習七年，如今在喀喇沁王府的崇正學校（學生三百多名）擔任日語教師，已然是一男一女兩個孩子的母親了。然而此時此刻，她彷彿回到了當年，正值芳齡十四、五歲時，「河原先生、河原先生」地叫個不停，語氣神態充滿依戀，令聽者動容。

「和先生還在的那時候相比，喀喇沁也發生了很大的變化。」她話鋒一轉，跟我們談到，如今的喀喇沁也有郵局了，而當地的治安，此前一直是由「治安隊」來維持的，這是滿洲國的軍隊，如今則完全由員警取而代之。不過，銀行還沒有，有錢人要存錢的話，得跑到赤峰或承德去。

喀喇沁與赤峰之間通了電話，最初僅限於王府使用，如今普通人家也裝了電話。大概兩年前，王府配備了汽車，官員們乘坐汽車到赤峰，三個多小時就到了。聽了這一切，一宮夫人感到恍若隔世。最令她吃驚的是，從去年九月起，開通了公共汽車，雖然每日一班，卻有許多人乘坐。

然而，承德那邊卻情形依舊，幾乎沒什麼變化。雖然不久也要開通公共汽車，可是據說從喀喇沁過去，大概要整整一天的時間。承德便是以前的熱河，如今不難想像，夫人當年的往來通信是何等困難！

當時的福晉，無論對日本這個國家，還是對河原女士本人都極其友善，如今她在北京安度晚年。然而不幸的是，雙目失明，雙耳失聰，牙齒也不好，實在令人歎息不已。聞聽此言，夫人眼含熱淚，不勝同情地說：真想去拜望一下，給她一些安慰。

于女士談到夫人當時的一個僕人，說他依然健在，還在王府裡安閒地做事。夫人聽罷，深切的懷舊之情溢於言表，遂跟我們談起最後分別時的一件事情，不勝感慨：

「我隨同王爺、福晉離開喀喇沁時，那個僕人也是隨從之一，我想當然地以為他也會跟到王爺在北京的府邸，因此既沒送他臨別的贈品，也沒說道別的話。可是，當我乘坐的轎子前邊那匹馬剛一踏進北京城的入口——東直門，便聽到他從後面大聲地喊，意思大概是『先生，我這就回喀喇沁了啊！』我大吃一驚，然而，從轎子裡很難探出頭來，而且我也不可能讓隊伍停下來，最終就這樣不告而別了，時至今日，他的喊聲依舊在我耳邊迴響。他從來都是那麼盡忠盡職的一個人，太令人遺憾了！」

話題從三十五年前忽而又轉到如今，連我聽起來都興味盎然，儘管我既不瞭解過去，也不知曉現在。

「以前對面是條河。」

「現在河還在，不過完全變了。」

于女士告訴我們，夫人在的時候，遠方有條河，從王府這邊看過去，河邊的人只有豆粒一般大小，而從王府一直到河岸，是一大片原野。現如今，王府門前已修了路，道路兩旁商店林立。其後面一直到河岸，全都種滿了蔬菜啦、鴉片啦等農作物，靠山那一帶是繁茂的楊樹林。于女士的一番話，令夫人驚歎不已。

由此，當地百姓的生活水準也提高了。當時，王府以外人家的主食是小米，現如今，除非是極度貧窮的人家，否則家家戶戶都以大米為主食，米是從赤峰運過來的，豬肉大約一斤二十二錢，羊肉十二錢。從前馬糞牛糞是唯一的燃料，如今開始燒柴禾了，然而，生活水準提高的同時，生計卻困難了。

這些話，她們說也說不完，不知不覺間，已到了點燈時分。聽說喀喇沁如今依然使用煤油燈。

（終）

日文再版代跋

河原操子女士立志獻身於清朝的女子教育，歷經橫濱大同學校、上海務本女學堂，最終遠赴內蒙古喀喇沁，贏得了王爺、福晉以及學生及其家長們的極大信賴。另一方面，在日俄戰爭期間，暗中協助軍方，表現英勇，最終獲得天皇陛下頒發勳章這一殊榮。她的事蹟現如今可謂是廣為人知，然而在明治時代，透過發表在我主辦的《婦女週刊》報紙上的河原女士惠寄的蒙古通信，大家僅能窺其一端而已。

明治三十九年，河原女士帶著前來留學的三名蒙古少女回到日本。她原本打算按照福晉的殷切期盼，過一段時間之後再次返回內蒙的。然而，天賜佳人以良緣，河原女士旋即成為一宮夫人，隨後，偕同夫君遠赴美國紐約，因為新郎鈴太郎先生在彼任職。由是，一宮夫人的人生在此形成一道分水嶺，出於對之前那段人生經歷的紀念，河原女士於明治四十二年寫成《蒙古土產》一書，交由實業之日本社出版。

邇來近四十年矣，世界局勢風雲變幻。清朝滅亡，中華民國建立，滿洲國獨立，緊接著大東亞戰爭爆發。現在已然進入激烈的決戰期，整個日本的年輕婦女正如當年的河原操子一般雄心壯志，直接或間接地為增強日本的軍事實力而努力奮鬥。

靖文社老闆南方君，懇請一宮夫人，欲將其舊作《蒙古土產》再版。夫人徵詢我的意見，我回答說：「這本書記錄了四十年前日本婦女在內蒙一隅為建立大東亞共榮圈所做的努力，今日之再刊意義重大。」於是，關於舊版的訂正、修改，我提出了一些意見，最後完全參與其間，協助完成新版書稿。夫人是一位十分謙遜之人，她很擔心有些事寫出來會否顯得自高自大，或者覺得有些報導會很無聊，希望刪除。我極力勸說她予以保留，諸如對於附上作者近照一事，夫人比較猶疑，我堅持說是為了廣大讀者，近乎獨斷地決定登載照片。

文末附錄了保田與重郎先生一文，其中對作者的褒獎之辭引人注目。與夫人未曾謀面的保田先生，僅是讀了舊版《蒙古土產》，便能推斷作者其人，並能準確言中。我想文人的這種超凡想像力或許會讓閱讀本書的讀者興味盎然吧。故而徵得保田先生意見，他欣然應允附載於後。

如實記敘再版的相關情況，以是代跋。

昭和十八年秋

拜蘭山民　福島四郎

河原操子

保田與重郎

河原操子的《蒙古土產》，是一本菊型開本[1]的小冊子，共二百五十餘頁。此書是作者嫁給一宮先生後所著，書上寫有「前喀喇沁女學堂首席教習，一宮操子女史著」的字樣。雖然隱去了涉及國家機密的部分，但是清晰展現了明治時代偉人中一流女性的形象。這本書的首次出版是在明治四十二年十一月，那時鄙人尚未出生。我出生於明治晚期的四十三年四月。我記得第一次世界大戰及參加大正天皇駕崩的遙拜儀式，是在中學四年級的時候。以上感慨，閒話冗長，附記於此。

《蒙古土產》出版二十多年後，我首度翻閱了此書：

1 日本書籍開本的一種規格，長二十二公釐，寬十五公釐。

黃沙瀰漫之中，面對著內蒙古上空那一輪朦朧的月亮，我心潮湧動，遙念幾千里外的故國，愁緒萬千。當時的感受，至今難以忘懷，並將永遠留藏在我的心間。往日的回憶時時浮現，每每於此際，我都會忙裡偷閒，加以記錄整理，最終形成此書。

原本無意就中取利，更絲毫不欲以此示人而博取浮名，惟隨心走筆而已。只顧埋首去寫，留下一些印跡，待寫完之後重新再讀，才覺難以為文，語言的修辭潤飾亦很欠缺。而今，愈加惶愧的是，面對他人的勸說，難以推脫，終至付梓，是我太不自量。

當我讀到序言的前半部時，我越發期待後文，也愈加珍愛此書。

河原女史，係信州松本藩士之女。從家鄉的女子師範學校到東京女子高等師範學校求學，之後在長野的高等女子學校奉職，敏銳地捕捉到當時國民的理念，堅信啟蒙清朝最快捷的方式要從教導女子開始。於是前往橫濱大同學校執教，之後飄洋越海到上海，歷盡艱難險阻經營務本女學堂，成為教育中國婦女的第一位日本女性。該學堂是東洋人在中國經營的第一所女子學校。之後又受聘於內蒙古喀喇沁王府，創設了毓正女學堂。在此期間爆發了日俄戰爭，戰時為了公務盡心盡力，因此戰後論功行賞時被特別授予六等勳章。

說到河原操子，一般是在講述橫川、沖等北滿烈士的事蹟時被提及的一位女中豪傑。很多知曉她的人將其稱為女丈夫。但是考慮到《蒙古土產》中女史的自我獨白時，我認為她的性情與我國的古風極為契合。她的文章仍然保留著古代女流文學盛行時的書寫特色，充滿令人懷戀的女性風采。在明治女性史上，所謂的女丈夫不少，通常我們理解的女丈夫是新型女性，且多是成功的女性。我無法敬愛她們，也並不想評論她們。

我認為《蒙古土產》一書中所表現的河原操子與那些女丈夫們相比，性情是大為不同的。我對其知之不多，只不過閱讀了她的此卷文集。之所以將女史作為明治時代的先覺者之一，從眾多的女性之中挑選出來進行論述，完全是因為女史所擁有的行動的勇氣與果敢的執行力，可以為日本女性的美麗性情做絕佳的注腳。她的愛，以人為本，又與國家的理想相吻合。並非遮蔽自己的思想去行事的女丈夫，而是聽從自己的內心自然地哭泣、傷悲，並且懷著崇高的心情去行動的女性。文章當中，日本女性的善良之心，自然地流露於筆端，沒有任何造作也未加任何刻意渲染。怎麼說呢，這些行為沒有任何企圖。因此女史憑藉她的善良，極其自然地完成了最偉大、最勇敢的事業。女史所做的，都是第一次，需要冒著生命危險並具備無畏的勇氣。這個時候她的武器便是愛心，除此之外沒有其他。而女史的愛心，正是日本女性天生的美德，她們賢淑而善良。一切形式與議論都顯得蒼白無力，而女史在文中不失時機的自白卻讓人印象深刻，這恐怕是日本女性血的記憶吧。我將女史稱為女丈夫時，總會聯想到世人關於女丈夫的普遍論調，好像在說其他的什麼人，因此恕我不能如是稱謂。

勿需贅言，在此我僅立足於《蒙古土產》一書，論述女史空前的偉業。不是成功的女丈夫，也不是聲名鵲起的才女，而是踐行了尋常人認為不可能的事情。這種偉大的行為，即使拋卻日俄戰爭風雲中象徵女史輝煌生涯的涉及國際機密的活動，也仍是令後世感歎、給予後世鞭笞的先驅事業。女史是懷著教化中國人的理想前往大陸的首位女教員，也是試圖入蒙喚醒內蒙古人的第一位教育工作者。姑且不論其遠見卓識，僅就這兩個事實就足以令人感佩。她宏大深遠的文化任務，全是源於其愛心。所以手記中體現出來的其對中國人既非尊敬也非輕蔑的淡淡情愫，絕非年輕女性所擁有的思想觀。而我也並非單單因為她的知性、優秀而尊敬她。河原在其青春之年寫道「黃沙瀰漫之中，面對著內蒙古上空那一輪朦朧的月亮，我心潮湧動，遙念幾千里外的故國，愁緒萬千。」日俄戰爭時期危險無時不在，而她作為日本人獨自住在內蒙古北部。我想其通透的才能、高昂的熱情，在未來的漫長歲月終將會消耗殆盡吧。正如詩歌「若問大和魂，朝陽底下映山櫻」所吟詠的一般，櫻花最美的生命終結於朝陽照耀的瞬間，這也是永恆。之所以將日本心比作櫻花，正是因為這首被國民長久吟唱的千古名歌。漂亮的花哪兒都有吧。日本人鑒賞櫻花的美學中體現著日本人對古代日本的喜愛。

河原女史從內蒙歸國後，嫁給了一宮先生。之後的情況我不清楚，許是在家相夫教子。一宮先生即是擔任正金銀行副行長等類一職的一宮鈴太郎。下田歌子為《蒙古土產》作序，序中寫道「河原不但以巾幗青年之身，遠赴內蒙荒涼之地，並且恰逢欲求而難求之機遇，亦得以參與欲為而不能為之國事一部分，遂有幸躋身戰後論功行賞人員之列。此一番經歷理應成為日後的回憶，幸而當年文字記錄未遭蠹蟲損毀。縱使僅將其一小部分公諸於世，亦足以令人欣慰。」依據該序得知，該書是女史從內蒙歸來後大病一場，無法跟隨丈夫赴美，而在溫泉療養時期完成的。下田歌子的序文，在我看來並不英明。莫不如說篠田利英所評價的「作者的英勇行為也足以使懦夫奮起，使懶婦覺醒」更為恰當。作者的英勇精神及行為，在文集中通過娓娓道來的感慨與感傷完美地呈現出來，足以令懦夫振奮，令今日的「女丈夫」反省。篠田在此之前也講過「世間有女丈夫。她們往往胸懷大志、像男子般令人驚歎不止，但令人遺憾的是，她們卻缺乏常識，無法充分地發揮女性的特質與稟賦。似作者這般，憑藉一番事業足以被稱為女丈夫，但她溫婉貞淑、常識豐富，故而我深信在家庭之中也定會有效發揮其稟賦，收穫幸福。」當然，從文集來看，女史還擁有溫婉貞淑、常識豐富以外的其他特質。篠田是女史就讀女子師範學校時代的老師，「但是，我只知其外貌而不瞭解其內在。不管怎麼說，我當時缺乏洞見，未能預見作者竟能成就如此遠大的未來。正因為當年的濁眼不識英才，今日反而會倍感驚喜。」這樣看來，女史在學生時代似乎就是個平凡的少女，以當時來看，經年之後也只不過是個貞淑的夫人罷了。

女史隻身進入內蒙的勇氣固然令人驚歎，但是懷抱理想教化內蒙古人，並完成國家大任的勇氣、決斷與睿智，絕不遜於在喀喇沁王府相遇的那些北滿烈士們，甚至有過之而無不及。

去年初夏，我在熱河承德遇見了省公署的S事務官，期間偶然談到了河原女史。當我問到女史的事業、功績時，S事務官一直嘖嘖稱讚。說是在喀喇沁王府受教於女史的內蒙古子女們，散佈於內蒙各地，從日本滿洲國的管理到熱河的經營等諸多領域，取得了不可估量的成果。

女史讓蒙古少女寫作文，「春天，各種花兒開了，非常漂亮。許多的鳥兒飛來了，非常有趣兒。我喜歡春天。」女史把日本的審美情趣傳授給她們。教她們寫「桃花開了，梅花謝了」等等。我從友人那裡聽說王府周圍的景色很漂亮，有桃花、梅花，還有小河流經後面的小山，倏地湧起了無盡的鄉愁。

中國的學生們，有多麼信賴女史，從以下的事情中便可管窺一二。據說那是在上海的時候，有一次，女史臉頰上垂著一綹鬢髮，有些學生看到後，或許認為是刻意為之，於是其中的三、四個人便特意抽出一綹頭髮弄成鬢髮，而那頭髮原本是用南五味子精心梳理過，一絲不亂的。這件事與剛才的作文兩相結合，我覺得饒有趣味。這麼說女史是位美人吧。在務本女學堂時代，學生們仿效其行為的事情很多，而下面的這則軼聞則充滿娛樂般的教訓意味。據說，學生們編製毛線時，女史一聽到她們嚷嚷著「一個洞洞三針」之類的中國話，便趕緊用日語教她們說：「一個眼織三針」。

女史在學生時代是名普通的女學生，而且體質羸弱。據聞，明治三十三年她在長野高等女子學校奉職期間深受宿屙之苦。對此我不禁覺得，把畢生奉獻給事業，並且犧牲個人極其短暫的花季，一朵花同其他花朵連成一片的這種民族凝聚力更令人動容。女性尤其適合這類工作。人類眾多的文化抑或戰爭，不是依靠每個個體的苦心經營，而是處於花樣年華的年輕人捨棄生命構築而成的。鄙人屢屢體會到這種形式的國家文化及民族文化。河原操子的活動時間只有僅僅數年，這正如鬥拳家的生命，猶如少女的花信年華一般，是極其短暫的時光。我想倘若是換作名流女性，絕不會獲得鄙人的尊重。短暫的生命留下來的影響，會持續二、三十年，進而開啟未來的精神吧。而世俗所說的成功的名流女性，她們的生命何時會開啟未來之精神呢，這是鄙人無法想像的。

河原操子原本只不過是長野高等女子學校的女教員，偶然邂逅了去信越旅遊的下田歌子，有幸獲得了展開一段浪漫故事的機會。下田歌子當時是女性教育工作者們的偶像，高等女子學校校長收到下田歌子的來信後，推薦了年輕的河原操子。河原由此得以會見了下田歌子，講述了自己的志願。日清（中日甲午）戰爭後國民的浪漫信念——促進亞洲覺醒的使命在溫柔的女性心中熊熊燃燒。邁進這條道路的女史，藉此機緣成了橫濱大同學校的教員。下田女史的來信是明治三十三年八月，河原女史赴任是在九月。在中國人經營的大同學校新開設的女子學部擔任教師。女史曾抒懷道：「這固然是我個人於中華女子教育之初涉，恐怕亦是日本人執教於中國人學校之嚆矢。」「那個時候，雖然我的本職工作方面已開始顯現希望的曙光，然而，我意識到：既然要投身於如此國際性的事業，那麼面對西洋人時必須要自強自信。」因此去紅蘭女學校專心學習外語。紅蘭女學校由法國人經營，有很多與西洋人打交道的機會。不久之後女史對中國人及社會有所瞭解，便堅信：欲求教導中國人必先從家庭中擁有重要地位的婦女的教育開始，如果採取「管制而不是一味放縱」的原則，相信不久就會令中國人覺醒，進而對永久維持「東洋和平」有諸多裨益。

女史在大同學校待到明治三十五年。恰逢上海的吳懷疚委託下田歌子，上海要建立女子學院，想要聘請日本人教師。當選此任的便是河原操子。女史是獨生女，取得了老家的老父親的許可後，不久於八月二十八日乘坐神戶丸，由橫濱港出發前往中國。

記述航行的船中日記是離別纏綿的好文章。船從長崎駛離了日本本土。那天正好是二百二十日[2]。「海浪愈來愈高，船員等人均面呈不安之色。無意間，我聽到他們竊竊私語：『博愛丸怎麼樣了？晚點太久了！』據說那艘船原本該昨晚到港的。我很少坐船，聽到這些話，不由得心生恐懼。」船越駛向大海深處海浪越高。「儘管乘船之前，我已然有充足的心理準備，但事到如今還是難免心下悽惶。想到一旦生命將終結於斯，便思念起故鄉的老父並且懷念所有的恩師好友。遙想在海天的另一方，大家並不知曉我的際遇，只是祈禱我的海上之旅一路平安，便忍不住潸然淚下，無法自制。」這一部分具有奇妙的文學色彩，讓讀者產生共鳴。偉大的女史不斷湧現出來的文學性感傷，真摯感人，讓人愛不釋手。九月一日，船如搖籃般駛離長崎，三日下午進入長江幹流。河原操子初次見到長江，不禁為大陸的雄偉壯觀而感慨不已。船停泊在吳淞港，換乘小蒸汽輪前往上海，在此會見了老鄉同時也是駐地部隊隊長的稻村中佐及小田切總領事，心裡安心不少。在上海與小田切領事的邂逅一事，不久進一步深化了河原操子的命運。在信州的鄉下獨自描繪浪漫畫卷的少女自不待言，就連在橫濱敏銳感受到「世界使命」的女性先驅者，當時也未曾料到自己會有上海之行吧。而更進一步的蒙古之行，在登陸上海之日也是根本未曾預料到的吧。現在想來，一切都像登雲梯一般步步艱險。但是這位涉

[2] 日本的雜節之一，從立春算起的第二百二十天，即九月十一日前後，常有颱風，常被視為厄日。

世未深的明治女性，憑藉其文學少女式的敏感捕捉到的「世界使命」，以及男子漢都罕有的勇氣與果敢，給人留下深刻的先驅者印象。昭和時代日本有名的思想家和評論家，敢於提出「世界使命」一詞也是在徐州會戰後，與當時的國策密切相關。因此我敬重這位涉世未深的女性先覺者。

到達上海後，河原操子蒙受小田切總領事夫婦的款待和深情厚誼，深感慰藉。她欣喜地發現「雖然第一次身處異國他鄉，我卻絲毫未感覺到寂寞」。

鄙人零零碎碎地寫過來，注意到了若干情況。河原操子在明治書寫史上是常常被人遺漏的一位人物，於是我便意欲嘗試解讀。這樣說或許會認為鄙人很幼稚，但是文藝批評家往往樂於嘗試別人未曾涉及的新領域。當今批評家雖然沒有賦予人物形象的能力，但是樂於恣意構建一個世俗大眾的普遍論調，並從新的角度將其顛覆。

所謂「女丈夫」一詞，是明治開國時代文明開化這一意識形態所孕育出的概念。通過一卷手記，我饒有興趣地發現我所理解的河原操子並非這種類型的人。河原並非新開化的性格，而是自然地流露出傳統日本女性的性情，令鄙人甚感懷念。她的勇氣與決斷，比起日本那一時期為了理想而英勇獻身的偉大男性們也毫不遜色。這般偉大的膽識，是由傳統日本女性的善良造就的，而與任何新理想新理論無關，這令我們對日本的女性傳統心懷希望。因而我從《蒙古土產》一書中，特別摘選出了充滿古樸少女小說味道的部分。女史的議論透露出隱隱的不安，也漂浮著日本少女傳統的物哀之美。因而世人稱女史為巾幗英雄是一種謬見。女史沒有遊說過世人，也未在講臺上發表自己是女丈夫之類的幼稚言論。女史之所以特別偉大，是她以極其自然的方式證明了：日本女性的傳統性情足以勝任新時期的國際責任。並非要穿著歐美的服裝在歐美人的學界跟他們較量。我覺得這點難能可貴。想來，曾經不諳世事的河原女史帶著日常的感動說這是「國際性事業」，而直至近日才終於有人提出這一詞的含義。女史的性情，作為愛心的一種表現形式，體現在其言行舉止中。今天日本的重要思想家稱其為烏托邦，認為女史是為了藉此逃脫來自純粹理論的批判。縮小日本民族發達的日常感覺範疇，是長久以來我國的文化、思想、政治領導人的職責。傳統的女史與這些世態的人們關注點不同，她崇尚愛心、自然的世界並身體力行。而且，她的一言一行並非眾人所謂的烏托邦或者理想鄉，而是敏銳地捕捉到時代的理想，並遵從日本少女的善良之心，如行雲流水般自然而然的所作所為。戰爭與女性、戰爭與文化，對於這些問題，這位明治日本女性，極其樸素。因此她不用任何意識形態或理想的論證作為防衛的武器，只是將傳統的性情繼承開來，遵從日本的少女之心來行事。古代封建社會，不是給女子傳授意識形態的表現方式，而是努力創造文化母胎。這一努力的成果在新時代日本的動亂期，在世界範圍內由一名日本少女體現得淋漓盡致。女人無需說理，也不需要宣傳思想。在和平與戰爭的年代，女史完成了一項偉大的行為，這並非依據某種刻意的理論指導，而是遵從自然性情與愛的呼喚。鄙人在論述女史的同時，為了闡明今天的非常時型、國策型的女丈夫諸君並非日本傳統類型，特此附加了些許冗長的議論。

上回寫到女史離開長崎，坐船航渡到了上海。鄙人為了論述女史所具備的日本女性獨有的善良，特摘錄其旅行記，著重闡述帶有少女小說特色並能體現日本審美情趣的部分。女史的遠見卓識遠超世間一般人，即使放在當今的社會也可稱為卓見。但是，在論述女史的中國觀之前，釐清其中國觀的實際表現更為迫切。

女史奉職的上海務本女學堂，立足於純粹的女子教育，其教師都是日本人及中國人，是日本在中國的第一座女子學校。當時有兩三個學堂都是外國人經營的，主要是跟宗教相關。女史說過「務本女學堂位於南大門內的花園街，明治三十五年八月開學。此乃中國人自己開設的第一所女子學校，因而責任甚重，可以說本學堂的成功與否，大大關乎今後中國女子教育之興衰。」但是，學生們「年齡及學力相差懸殊。最小的八、九歲，最大的已年過三十」。《蒙古土產》中插入了一張當時務本女學堂學生們的照片，照片上排列著一群聰明伶俐的少女。學生中有帶著女兒的媽媽，跟女兒同席上課，來自江蘇浙江的人偏多，目的多半是回家鄉從事教育工作。女史講授日文、日語、算數、唱歌、圖畫等課，基本不懂清朝語言，主要借助漢文、繪畫與學生交流，半年後學生們的日語便達到精通的程度。他們擅長語言學及繪畫，儘管也喜歡唱歌，但教授困難，進步緩慢，據說是因為辨音能力不發達。最開始只有四、五十人入學的學堂，半年之內增加到了百餘名，終於得以實施了相當於日本小學程度的編排及科目。女史在學堂最初修改的是嚴守時間問題。「中國教師通常會拖延課時，哪怕片刻，以示熱心授課，蓋因中國人向來喜好此一風氣。在我看來，這是將授課當做買賣，是一種形式上的因襲，於是不顧他們的想法意圖，只按自己的信念行事。」這些平凡不過的事情在中國人看來也是一種見識，我是從最近的世態中感受到的。另一方面女史的關愛無微不至、事無巨細，在描寫中國女學生的可愛之處時體現著深深的懷戀。記述寄宿生生活的文字特別有意思。「中國人皆喜出聲朗讀，自修時之嘈雜無可言狀。那些可愛的幼童，朗讀未幾便唱起歌來，不久又開始打瞌睡，接著，竟然將粉紅的小臉伏在桌上酣然睡去。由於這些年幼的學生，經常由年長學生悉心照料就寢，倒也不曾感冒。」類似這些描寫，都充滿著濃濃的日常情趣。

日本女性的自覺，深刻地體現在年輕的女史身上。「坦率地講，相較於清朝婦女的教育，不如說我想將重點放在研究如何教育上，然而即將前往中國之際，我意識到這是錯誤的認識。」每當被本國的朋友、前輩稱為「日本第一位女教習，日本女性的代表」時，「我的心情猶如奔赴戰場一般，這是毋庸置疑的」。這番感慨與新的「世界使命」

的感動充盈於女史的內心。這點令我尊重。這場旅行既沒把偉大的理想掛在嘴邊，也沒有過度的矯揉謙虛。女史在橫濱的中國人學校任職期間感受到了世界使命，對於前往上海一事，大家都認為她是個理想的人選，她也覺得自己不應推辭。她怎麼會想到還要深入喀喇沁腹地呢？東方詩人與生俱來的旅情，與西方的神教徒是迥然相異的。西方人是用理想來指導行動，通過堅定的意志力來抵抗困苦貧窮，而東方的旅情中包含著以生理頹廢為基石的崇高無常觀。這不是意志而是審美，不是意志之愛而是審美情趣，這是捨身取義的必然結果。這種峻烈的精神同時孕育出了細膩的物哀之美。懷著日本第一位女教習的自覺，女史首先下定決心必須要住在城內。「我是第一位女教習，我想我必須做些非同尋常的事情。」現在的情況不知如何，當時的城內「如不掩鼻，幾欲被惡臭熏死，如不閉上眼睛，汙穢之物令人嘔吐。上海城內沒有自來水，沒有澡堂，沒有花草樹木，連日常的食物都很匱乏。目之所視，鼻之所嗅，肌膚之所觸碰，盡是骯髒、汙穢、泥濘、惡臭以及流行病。」是一個別說女人，連男人都沒法住的地方。過去二十年間也沒有一兩個外國人住。但是學堂和寄宿舍都在城內。所以是該住在城內，還是住在城外好呢？其利害得失涇渭分明。「實際上我在所有的外國女性之中，也是第一個住進城內。」

女史思考的經緯令人起敬並拍手稱快。其想法本身令人振奮，超乎邏輯。在這種振奮的背後，與西方崇尚理性不同，我國獨有的思維方式和思想在發揮作用。租界與城內存在天壤之別，作者說一堵牆的內外存在著二十世紀與十五世紀兩個截然不同的世界，不僅要與日常的髒亂與猖獗的病菌相對抗，而且即使只是踏出城內一步前往日本租界，因為通行問題需要四張車夫通行證，這樣就必須依賴四位車夫，而且經常會遭遇無賴市民，甚至有「危及生命」的危險。書中多處提到，女史經常去日本租界，看到日本國旗迎風飄揚時分外感動。所以女史經常會感慨只有女性才會遭遇這些危險，而因此非常羨慕男子。明治三十五年十月九日嘉納治五郎來學堂拜訪女史，女史教學生們用日語演唱《錦繡春日》歌曲。嘉納先生臨走之前學生們異口同聲高喊「歡迎您再度光臨」，嘉納先生也甚感快慰，十分開心。十一月二十日小田切總領事夫人一行來學堂拜訪，當身後運送垃圾的男子欲超越前行時，眾人無所退避，不得已，竟提起裙裾一溜小跑。城內道路狹窄，到處充滿髒物，沒有淨水污水的區別，女史在此度過了一個夏天。當時，僑居上海的日本人中，男性一千三百四十五名，女性七百十四名，女性當中有五十位是「貴婦人」，其中很多貴婦人是利用閒暇時間學習外國的語言、技藝或料理等。

「明治三十五年八月，懷抱著如春日大海一般的希望，我來到了中國，歷經一年寒暑，轉眼到了三十六年的夏天。（中略）而這一年間的經歷，竟然超過了以往十幾年我在日本的經歷，足以激勵我，使我變得堅強。雖然這支拙筆無法盡述我的心境，然而，隨後將要展現的我的命運——索性稱之為『命運』吧——之轉變，就在這不言不語的靜默之中，透露出其中的訊息。」正如作者感歎「索性稱之為『命運』吧」，相較於當事人，對於不同世界的鄙人而言，這一感歎有些令人恐懼的味道。女史從橫濱、上海一路走來，人們都無法預料她的命運將走向何方。我覺得東方傳統的旅情是令人震撼的。關於前往喀喇沁的經過，女史寫道：在此之前喀喇沁王爺參觀了大阪舉行的博覽會，途中視察了日本國內的設施與產業，思想進步的王爺感慨於日本的文明開化，思考如何開拓本國的命運，他首先下定決心要振興教育，認識到女子教育的必要性，因此將此意願告知內田公使，再經由小田切總領事，最後女史被委以重任。

「這番請求於日本而言，可謂正中下懷。當時東亞的天空，正所謂山雨欲來風滿樓。」

「眼看就要進入第三個階段，終於要步入已沉睡數千年，如今即將醒來的內蒙古。其他種種，我有口難言，有筆難敘。然而，只不過是暫且不言不敘罷了。」這或許是唯一一處顯得自負、居高臨下的文字，但同時讓人體味到其中的善意。來到北京進入喀喇沁之前，女史意欲遊覽南京，探訪古蹟瞭解民情。看到明代荒廢的古營地，不由感慨「槿花一日榮，何處覓蟲音？深秋寒露重，天涯羈旅身。」歷史的斷垣殘壁「皆是破敗寥落，觀者怎忍目睹，不禁潸然淚下。」

十一月二十二日，女史坐船離開上海。海上依舊不平靜，排山倒海般的渾濁海浪拍打著甲板。在波濤洶湧的航行中西洋女性在甲板上玩著賽跑等遊戲。文中寫道，「去年是我平生第一次乘船渡海，那次的經歷讓我懂得：面對狂風巨浪，徒勞地憂心焦慮其實於事無補，此時我內心相當篤定，暗自思忖：我這個日本女子，生長於大海的國度，絕不能畏懼這點風浪而有辱國格，於是便同他們一起散步。西洋女子提出，要在劇烈晃動的甲板上，跟我比試賽跑，結果我大獲全勝，非常開心。」這些文字給讀者身臨其境的愉快感。這種華麗誠摯的文章在現今的女流口吻當中是絕不會存在的。既非說教亦非評論，而是類似孩童般的敘述瑣事，鄙人甚覺大快人心、受益匪淺。她的思想與思維方式，也似孩童般純真但又堅定、不容侵犯。這不只體現在細微之處，也支配著女史所有的命運時刻。懷著克服行船中的困難，不能輸給外國女人的心情，女史同她們一樣在甲板上行走，與她們比賽。讀了偉大女史所寫的這篇文章，僅看其書寫方式，就會改變認為女史很偉大的這種先入為主的觀念。除此之外，文中也寫到在船上同外國少女一起跳繩之類的事情。

到達天津後，去日本租界的途中，女史與脅光三不期而遇。脅光三是女史的恩師淺岡先生的兒子，孩提時代便是玩伴。脅是前面提到的北滿烈士之一。女史逗留北京，是從十一月二十九日到十二月十二日。喀喇沁福晉（親王、郡王的妃子稱為福晉）是肅親王的妹妹，所以女史也去拜謁了肅親王。

「喀喇沁究竟在何方？據說在北京的東北，旅程需要九天左右，甲也如此說，乙也如此說，丙也如此說，除此之外，他們什麼也不說。不是他們不肯說，是沒人知道。若是我還要追問的話，有人便說，過了長城，再往北就得住蒙古包啦；又有人說，說不定會遭遇土匪呢，等等。」喀喇沁究竟在何方，我抑制不住內心的激動讀完這些文字。恐怕沒有人會寫出這樣的文字吧。這恐怕是曾為戰士的英雄或詩人，在出發即將前往一生中最輝煌的時刻時才會使用的措辭吧。父親在信中表示同意並說明緣由，「這是無上的榮幸，……個人安危不值一提」等，盡是些鼓勵的言語。但是，在北京無法瞭解喀喇沁情況，而且那時候「神經過敏的外國人」時刻在關注著女史的一舉一動。

想來，是令人喜悅的力量、有趣的命運、還有無常的世間波浪，令我這個柔弱女子，離開我難以割捨的骨肉至親——獨身一人的父親，離開眾多的親友，遠涉千山萬水，竟至漂流到如今偏遠之地。現如今，還要長途跋涉，去向那不為人知的沙漠一方。

行走在幾千里外的遊子之心，若說悲切，實在是悲切。遙想昔日，王昭君曾如此不幸地被棄至夷狄之邦，在天高地遠的異域他鄉，終日以淚洗面，她的幽怨，是我所難以體味的。然而身為大和之女，懷抱一顆盡忠為國的真摯之心，理當慷慨激昂，如果顯露出懦弱的樣子而被人看見，我會倍感恥辱。於是，便竭力表現得勇敢堅強。當我遙望那雲海渺渺的東方長空，再遠眺與無際雲天相連的西北邊陲，內心的孤寂無法言說。老父雖有堂兄弟們照拂，讓我內心稍感安慰，然而念及母親逝後，父親獨守空房的那一份孤寂淒涼，我多希望大雁傳音，將我此時此刻對父親的思念之情，傳達給父親。然而，家尊是老派之人，我不難想像這樣做的後果：父親看到他養育的女兒，竟然如此兒女情長，定會勃然大怒。想到這些，我用衣袖拭去湧出的淚水，也打消了寫信的念頭。或許強行壓抑內心情感，愈發令人痛苦不堪。

鄙人從文中摘錄了自己喜歡的一部分。女史的文章自不用說，在此也想考察下其老派父親及他的教育方式。在這種教育的長期薰陶下，日本少女的愛心與人道主義精神絕不會受損，相反，會培養出比今日更善良、勇敢的女性，這是我在此想要表達的。女史的偉大事業便是自古以來女性特有的善良與新時代的祖國相結合的一個例子。我並不想從河原操子身上挖掘出新時代女丈夫的特質，只要讀了《蒙古土產》，便很難將她定位為女丈夫或巾幗英雄。女史給人留下的印象是：她是廣大日本女性的典型代表，是善良的日本女性的一個表象。人生中，還有比榮譽更值得光榮的事嗎？民族英雄或偉人便是這些人的集中體現。為了勾勒出集中體現在女性身上的日本印象，鄙人選取了具有代表性的女史進行闡述。

十二月十三日，內田公使夫婦等眾多人前來為女史送行，女史避開猜疑的目光，從東直門出城，在此坐上了早已準備好的轎子（所謂轎子是指前後由兩頭騾子分別抬起的車廂）。一路有公使派遣的兩名護衛兵、王府派來迎接的三名使者跟隨。女史記述道：「被懷疑的觀光遊客，現在離開北京，也要隱蔽才好。」

入蒙是場不可言狀的旅行。何況還是一個女人在寒冬刺骨的十二月份的旅行。寢具、洗臉盆、罐頭食品等都是必需品。行進路線是穿過古北口去往熱河。十六日離開古北口的那個晚上在三道梁子投宿。由此前往灤平，再沿著道路前往熱河。話說這條道路是康熙乾隆年間每年皇帝的往返之道，如今變成了舊道。鄙人從北京經過古北口前往熱河的途中，從車窗窺見到了其中一段。過了熱河之後，道路異常險峻。十八日從熱河出發「右邊的山上蒼松蓊鬱，樹木之間，隱約可見色彩絢麗、金碧輝煌的喇嘛廟」，可見當時熱河一帶樹木很多吧。辛亥革命以來砍伐殆盡如今變成了一座禿山。十二月二十一日在上瓦房遇見了王府來的迎接之人，下午三點半進入王府。兩名日本軍人前往距王府往西一日里處的武備學堂。聽說伊藤柳太郎與其他兩名日本人在那裡。武備學堂的歷史稍早於毓正女學堂，創設於明治三十六年七月。也即是喀喇沁王爺訪日之後，祕密聘請日本將校進行軍事教育的地方。旅途中，自小生於寒冷信州的女史也不得不感歎，「投宿於此等令人提心吊膽之處，毋寧我輩之幸矣！設若旅館設備周全，服務熱情周到，行人旅愁由是得以慰藉，則難保不萎靡不振，鬥志衰減，以致翌日不願繼續踏上旅途。我戲言：艱苦的旅宿，乃是對艱辛的旅程之鞭策激勵。」或者「身體會否變成冰坨？」到達王府的那晚，王爺夫婦設宴款待。王爺通曉日本事情，說日本的生魚片很好，這邊的河裡沒有大魚，很遺憾吃不到生魚片，等等。看到房間裡掛著一張照片，這是女史曾就讀的高等師範學校畢業生的攝影留念。可見王爺的用心款待。翌日晉見了太福晉（先王之妃），太福晉關心地詢問女史旅途中的各種事情，譬如船是什麼樣的，有多大等等，女史甚至不知如何回答是好。「令日本人驚訝的是，高度文明和低等野蠻的差別竟然如此巨大」，女史在喀喇沁的所感從她的信中便能管窺一二。我在思考女史的偉大事業時感受到了天然的優越感是何等重要。

當時的喀喇沁，蒙古人五千戶，大約五萬人，漢人六萬戶，約四十萬人，來自山東、山西以及直隸三省的移民居多，有二百五十年的移民史。關於喀喇沁的情況女史有所記載。說到教育方面，一直以來有寺廟式學堂，就學兒童寥寥無幾。近兩年間創設了制度完備的小學，教學科目效仿日本，閱讀課教授蒙漢兩種文字。三名蒙古人教師，一人漢人教師，四十名學生分為三個年級。武備學堂可謂是設置完善的學校了。

據說喀喇沁王的發跡，始自元太祖的功臣濟拉瑪。因為世代與北京的親王家有通婚慣例，所以在朝廷的勢力遠遠大於其他旗。為此，把處於蒙古要塞的喀喇沁王府培養為親日派，是當時的重大國策之一。

內蒙的喇嘛教勢力很強大，他們的僧侶除了說教，也擔任寺廟式學堂的老師，還要調節各種糾紛，並且給當地居民講解他們不懂的事情，同時還替人治病，這些都是他們的工作。在這種風俗習慣中，女史贏得最初信賴的機緣，一是從北京帶來的藥物發揮了威力。但是關鍵因素還是源於女史的愛心與善良。

女史十二月二十一日到達王府，翌日二十二日便和福晉商量女學堂開業的事情。福晉計畫陰曆一月開學，女史認為為了蒙古和日本不宜拖延，於是定為當月二十八日舉行開學典禮。說是「世上十萬火急的事很多，但是都沒這次如此刻不容緩。」

校舍是先王在世時建的一座戲院，稍加修繕而加以利用。而規則的制定與桌椅的定製則相對費時。開學典禮當天入學人數共計二十四名，主要是住在王府附近的官吏人家子女與後宮的侍女。開學典禮日是王府稀有的盛會，總教習河原女史的演講先由漢人姚教習翻譯成北京官話，再由王爺翻譯成蒙古語，氣氛一片祥和。出席毓正女學堂開學典禮的日本人，有伊藤先生以及同為守正武學堂教習的吉原四郎。據女史記載，那日「左邊是王爺，右邊是姚教習，面前是二百多位到會者，當我站在精心佈置過的講壇上，一瞬間，內心有一種無法言喻的莊嚴之感，緊張的同時，愈發感到責任重大。」三十日開始授課。典禮當天儀式的流程由王爺親自確定。

王爺和福晉都是熱愛文明與進步、具有洞見之人，常常反對重臣的意見，在戰役中採取親日態度，推行由日本來開發內蒙的改革意見和開發政策。關於女學堂招收女子一事，民眾都說王爺招收女子是要把她們送到日本，做成吃的或肥皂，或是把眼球挖出來當做照片上的眼睛使用。要想得到民眾的親近，光靠藥品的威力是不夠的。幸運的是女史的竭誠努力終於結出了果實，學生數量不斷增加。進入陰曆正月，達到了六十名。學生們擅長日語技藝，但是全然沒有數學、地理、歷史等概念。即使是官吏也對地理概念一無所知。王府給學生們提供學習用品和午餐，接送也由王府的馬車提供。早上馬車挨家挨戶去接學生，下午又挨個將他們送回旗內。女史為了普及教育之精神，想到了舉辦園遊會的點子。這類似於日本的紀念儀式或集會，設有品茶處、點心屋以及嘗酒處。另外陳列學生作品、圖畫、外國人的捐贈物品等，還設有博物室。此外，有休息處、食堂、猜謎處，在新樂處舉辦學生歌唱會，在古樂處演奏蒙古樂曲，另外還設有演講台。這次園遊會大受歡迎，同明治三十八年夏季園遊會一樣，吸引了七百多人，不僅在教育思想的普及上取得了成效，也促使王爺與人民的關係更加融合親密，王府深表滿意。並且在改變當地居民對女史的認識上也頗有成效。對獨自遠道而來的女史，之前百姓一致認為她醜陋、心眼壞、惡毒等，所以一直懷有恐懼之心。不知何時他們改變了看法，認為女史親切、年輕、難能可貴。細細想來，一個二十多歲剛出頭的女性能成就一番事業，即使私下裡有武備學堂伊藤大尉的指點獻策，但還是要為其見識與遠大、周密的計畫稱讚。

日俄戰爭史令女史聲名遠播，而《蒙古土產》中題為〈雪中梅〉所記述的，則是日俄戰爭史上的一段插話。鄙人為了釐清女史的人性是如何促使其完成一番偉業的過程，前半部分詳細記述日常之事，而對女史在社會上名垂不朽的戰時活動則粗略概述。女史來到喀喇沁是明治三十六年十二月，而伊藤大尉撤回到北京是第二年的一月七日，其後留在喀喇沁守護北邊基地的日本人就僅剩女史一人。伴隨戰爭的開始，周邊的北部蒙古人和軍官侵入喀喇沁，女史的使命之一便是將其動靜報告給日方。據女史後來的回憶記載，「總之，此地只剩下我孑然一身，儘管是一介女子，我也深感自己肩負著祖國的安危，生怕一旦自己躊躇，反被敵國搶了先機，為此心神難安。有時甚至會請求王爺、福晉特別派出信使，連我都會驚訝於自己的大膽。」這就是之前曾經感歎「喀喇沁在何方」的女史。情報通過步行送到熱河，在從熱河通過電報發送出去。翻閱當時女史的書信，基本是極盡描述旗內的資訊，這些也是考察女史立場的寶貴資料。

（前略）旗內的普通百姓並不清楚戰爭是怎麼一回事，要跟他們說明，讓他們弄懂大炮、地雷、水雷以及軍艦等等非常困難。（中略）至於王府內的官員們，大體上瞭解戰爭意味著什麼，而且最瞭解〇[3]國（俄國）。（中略）由此足以證明，〇國（俄國）的懷柔政策已然深入如此邊陲之地，對於〇國（俄國）人的堅忍以及畢其功於一役的勁頭，實在是唯有驚歎而已。據聞，當年先王爺每次赴京謁見皇上，駐京的〇國（俄國）公使必定宴請先王爺，而宴罷送先王爺回府之際，照例要奉贈黃金四千兩。（中略）因此，王府內的大部分，不，幾乎所有的官員都對〇國（俄國）稱道不已。傳言不少人勸說王爺：戰爭的結局，勝利當屬於〇國（俄國），如果現在得罪了〇國（俄國），將後患無窮。（中略）雖然王爺、福晉處事極其賢明，不會為蠅頭小利所迷惑。然而，對於〇國（俄國）的懷柔政策，多年來王爺亦深有體味，要決定何去何從，殊非易事。百般努力的結果，最終對〇國（俄國）不予理睬。（中略）如今，諸多俄國人走狗北蒙古人進入我所在的旗內，似乎要玩弄什麼陰謀，還有一個自稱礦山工程師、國籍不明的洋人，幾天前開始在王府內逗留，極其可疑。最近，王爺處於利誘與威脅的包圍之中，確切的事實有之。所以，

3 原文〇處內容隱去，譯時以（）予以補充翻譯。下同。

當此之際，我的責任愈發重大。儘管處於如此情勢之下，卻只有我一個日本人，什麼時候、會遭遇到什麼，難以逆料，我隨時準備著。萬一遭逢不測，誓願為國捐軀。（中略）在看不見的戰場上，有為數不少的忠勇壯烈之士。這群愛國勇士的第一組於二月二十八日到達目的地，第二組由〇〇（熱河）向東進發，第三組於三月十二日、第四組於三月二十日到達目的地。最終確定部署，準備就緒之後，他們分頭深入虎穴，其中的艱難困苦，絕非筆墨所能盡述。（下略）

本書末尾記載的是勇士們的情況。關於第一期特別任務班進入喀喇沁的經過，有各種加工渲染的故事或佳人奇遇的傳說，鄙人將立足於《蒙古土產》進行闡述。

這一特別任務班共有四十六人，負責破壞通訊交通設施。前面提及的伊藤柳太郎也是其指導性成員之一。在北京宣誓結盟的勇士實際有沖、橫川等四十六名，加上在執行其他任務而耽誤宣誓被除名而因此痛悔自殺的堀部直人共計四十七人。另外加上二班的勇士合計七十餘名。二班負責集結土匪力量，擾亂敵人後方。一般而言，這些都統稱為特別任務班。二月八日日本在仁川海戰[4]中擊沉俄國戰艦的消息傳到北京，一班的前田

4 一九〇四年二月九日，日俄宣佈斷交後，俄海軍「瓦良格」號防護巡洋艦在朝鮮半島仁川海域遭遇舊日本海軍，雙方發生激烈交火。「瓦良格」號船身在被日艦重創後沉沒。

豐三郎等一隊人馬立即切斷八達嶺的電線，中斷了歐亞的聯絡線。鄙人每每想到這些人的行動，常常會感到顫慄般的感動。鄙人作為今日所謂的知識份子之一員，才終於迂迴曲折地感受到這種顫慄般的感動。不過，近來鄙人越發覺得沖及橫川像中所體現的國民意象，除了我們思考後才能體會到的顫慄，更體現了自然，這種自然是想法及價值判斷的基礎。想來，理論上講的純粹是不可或缺的，然而更重要的是自然。河原操子的行為與其說是純粹，不如說是自然。日本典型的女性在遇到意想不到的機遇時會有令人意想不到的表現，河原女史便是一個極好的例子。敢於以最新且純粹的形式踐行日本的古老傳統，而並非什麼其他新潮的東西。在我看來，她的文學、性格、行事作風都是難能可貴的，不是乘著時局投機取巧之人。我想將日本隨處可見的女性之一作為此刻的偉大光榮，是具有教誨意義的。或者說這也體現在女史的文學中，而且尤為鮮明。她的文學是更自然、更普遍的存在。其價值根本無需用今天文藝批評界的文藝價值來衡量。莫不如說回顧一下日本年輕、美麗的女性靈魂深處依然流淌著故鄉血液這一普遍現象就已足矣。我從河原操子的文集中看到了廣大日本女性心底流淌的血液的最普遍、最自然的表現，這與女史的行為也是相互映照的。並非帶著跳崖的覺悟來行事，而是偶然遇到跳崖的契機，以日常自然的方式來應對。通過偶然的時刻來探討女史不同尋常的人格之前，我認為她與所有日本的美麗少女是相同的。將其偉大的性情與偉大的行為相對照進行分析，即使是遵行當今的批評方式，也可以得出令人滿意的見解。

關於勇士們女史如是寫道，「懷念其英勇，特摘抄出勇士相關的若干日記，顧忌之處多有刪節，然而刪除部分本又難以割捨，多有遺憾。」

明治三十七年二月二十八日，脅光三來信告知女史他們一行人已到達喀喇沁，翌日將要拜訪女史。半路上才得知要前往喀喇沁的脅，先行一步給兒時的玩伴女史寫信告之。女史收到信後翹首期盼著第二天的到來，她取出錦繪和花瓶，正在「把屋子完全佈置成純粹的日本風格」的時候，伊藤大尉先行一步來訪。一行人二十九日將來拜訪，他來找女史商量當天的事情。文中寫道「我的職責是什麼，又該如何履行自己的職責，我都銘記於心」，但是聯想到勇士們的入蒙及任務時，就會被人猜疑，「平常不受人懷疑的事情，而今卻感覺一舉一動都受到監視，多難啊」，因為王府內的官員們都是親俄派。三月一日，勇士們的準備大致就緒，當天設置了宴席為大家壯行。勇士們和睦友好，大家親如兄弟姊妹，勾起女史的思鄉情緒。女史彈奏風琴助興，不久到了分手時刻，大家一一告別，「我頓時一陣難過，陡然間說不出話來，好容易忍住淚水，只說出一句：『祝願你們勝利歸來！』」可以想見此情此景真是令人百感交集。一行人中的脅與女史幼時親如姊弟，他特意多待了一會兒。聊到了他的故事、回憶、出發前的忙碌等，也拜託女史代為轉達給他父親的話。不用說，大家彼此心裡都很清楚：勇士們沒有考慮生還，已做好九死一生的準備。三月二日的出發推遲了一天，傍晚之前脅又獨自拜訪了女史。這位年輕人前一天收下了女史贈予他的襪子、襯衣等，沒有要肥皂，開玩笑說：用肥皂的話，裝扮成中國人的一層畫皮就要剝落而原形畢露了。這是一場沒有歸期的征程，這個傍晚和幼時夥伴的一小時相見成了永別。當晚夜色凝重，女史又與伊藤等人展開密談。「三月三日，早晨我特地早早起床，想著目送他們離去的背影。窗外尚是一片黑暗，連雀兒還沒開始叫呢，可我聽說他們已於深夜時分出發了。放眼望去，但見天空低沉，烏雲密佈，寒風呼嘯，飛雪狂舞。」直至女史離開喀喇沁，再也沒見過這些勇士們。第一封信中提到的第一組，由東西兩班組成，東班有橫川、沖，年紀更小的脅也是這一班。一行人在林西附近分成兩隊，橫川班前往齊齊哈爾，伊藤班前往哈爾濱。橫川班的沖禎介、松崎保一、中山直熊、脅光三、田村一三，六名勇士終究再也沒有回到日本。我認為用「放眼望去」的說法來描述罕有的離別，非常形象而精準。因為其中蘊含著思念逝者，想到生者，心中隱隱作痛而難以自制的感慨。

明治三十七年五月到九月，女史的主要任務是負責熱河、北京和內蒙腹地的通信暢通，並且負責聯絡情報。這期間的往來書信中有兩三封，文集中有所摘錄，在此不作贅述。不難想像，女史經常處於俄方勢力的危險之中，文中寫道「我以王室教育顧問的名義，行走於王府之間，恐怕他們也拿我沒辦法」。但是，「父親送給我的那把匕首，我會隨身攜帶」，「隨身用的手槍也總是置於身邊」，甚至總是將行李準備好，萬分注意。正如前述的「表面的工作、暗中的工作」一樣，一方面精心經營學堂，使學堂工作順利、穩步開展，並開設園遊會，自明治三十七年秋開始，常與福晉乘馬遠遊、視察旗內，另一方面勸諫王爺改善林業、農業，並創業。其努力的結果，明治三十八年六月到十一月在內田公使的幫助下，高橋工學士、町田農學士得以入蒙進行調查。王爺思想的進步就連內田公使都深感驚詫。第一特別任務班的勇士指導人之一伊藤大尉在明治三十七年十二月十五日寫給女史的信中提及，在錦州看到女史的蒙古少女學生們所編製的毛線，感慨學堂之進步，特此在公務函中予以彙報，充滿令人歡喜的軍人情趣。這封信是在熱河寫的還是在遼陽寫的，鄙人不得而知。女史委託勇士們介紹蒙古兒童作品，並委託他們將請求給蒙古人配給藥品的信函送到北京。這些信中有脅光三的生父淺岡一和妹妹淺岡和歌二人寫給女史的信，信中提到哥哥生死不明後得知確切消息時，心中痛苦萬分。橫川、沖二人以外的四人全部戰死，戰後通過橋口大佐的調查方被世人所知。

明治三十七年十二月女史加入晉見隊伍前往北京。十二月二十四日離開王府，一月一日抵達北京。加入晉見隊伍的女史坐著駱駝轎，與蒙古少女們依依惜別，少女們排著長長的隊伍一直跟著隊伍走了十清里，其中還有人啜泣。女史也充滿傷悲，「難過得說不出話來」。王爺、福晉等人乘坐駱駝轎，太福晉與福晉乘坐親王貴妃規格的轎子，裝飾得很漂亮。清朝輪流晉見的場面，鄙人非常感興趣。護衛五百六十名，馬兩百五、六十四，運送行李的十輛車先行出發，由牛、馬拉著，到北京要走三十天，一輛車的運費大約三百元左右。雖說是王爺，但是旅舍的設施沒有特別之處，先行到達的侍女們把房間打掃乾淨恭候王爺們的到來。在這期間，女史經常與福晉同鋪而眠，在寒冷的夜晚拉著手進入夢鄉。一切行為都是自然而然、真心流露，真是令人開心。福晉是多麼信賴女史，從這一兩件小事當中便能管窺一二。這種信賴不是建立在功利或純粹理論的前提上，也不是幼稚的外國少女被政策或策略利用的產物。

沒有人知道「喀喇沁在何方」，而女史，用她的善良、日本女性的至誠，獨自丈量了答案。女史明治三十七年末到三十八年初在京期間，有人勸其回國，調理一下贏弱的體質，解決自己的終身大事，但女史想到福晉的厚誼與蒙古少女的純真，又再度前往內蒙古。明治三十八年末，工作終於告一段落，遂打算休養一下身體，重新攝取新的知識與抱負，思量著可以的話尋找一個優秀的人頂替，如若不行的話便再回內蒙，於是決定暫時離開內蒙古。歸國之際，想著要為建設日蒙的友誼橋樑而培養人才，打算帶走三名留學生。在女史的大力斡旋與王爺的說服下，三名王府重臣之女決定前往日本。福晉很捨不得女史回國，但是在多方的協力之下，離別的日子終於來臨了。明治三十九年一月二十四日，喀喇沁王爺夫婦到車站給女史送行，這是他們史無前例地第一次送外國人到車站。以公使為代表的很多日本人前來北京站送行。福晉拉著女史的手說，一定要早日回到內蒙啊，女史答應一兩年內。「你發誓啊，不許忘了！」說著說著，便抽抽搭搭地哭了起來，於是，王爺的妹妹和學生們也跟著哭了起來。此情此景，也令在場的日本貴婦人們淚眼婆娑。「……汽笛一聲長鳴，攜帶著依依不捨把我們載向新的征程。」

從初次登陸上海，這三年間，雖然是短短的三年，但就像最美的花季，一位年輕的女性把畢生最美好的年華獻給無悔的歲月與命運。在美麗而短暫的日子裡，將人與人連接起來，正是這般構建起來的事業，在鄙人看來比千金買骨[5]的世俗更加難能可貴。想到女史的三年，現在鄙人也會遙想到，所有的美麗青春和心靈、睿智，都獻給了那段花開時節。這是女子能成就的事業之一吧。晚年的女史熱愛家庭和平，不追求名利，在平靜的人生中，為了子女，為了世間和平的事業，在微不足道的職位上盡心盡力。這不就是令人羨慕的美麗人生嗎？為了花開時節不惜竭盡所有，這不是最美的嗎？那一瞬間照亮了整個人生。最好的時代與民族最美的時光，正是將個人的自然性情與國家的自然意

---

5 出自《戰國策・燕策一・燕昭王收破燕後即位》，說的是古代一位侍臣為君王買千里馬，卻只買了死馬的骨頭回來，君王大怒而不解，侍臣解釋說，如果大家看見君王連千里馬的骨頭都肯用重金買回來，就會認為君王是真正想要高價買千里馬，就會自然而然把千里馬送上門來。後來果真如侍臣所言，不到一年就有幾匹千里馬被呈送上來。故事流傳至今，意指十分渴望和重視人才。

志融為一體的時光。戰鬥的日子也便是這些歲月。

女史帶著三名蒙古少女，一月二十四日從北京出發，二十五日到二十八日在天津停留，總領事和司令官特此舉行送別宴會，以表慰勞之意。二十九日秦皇島，三十日到達芝罘領事館，二月二日出發，四日到達仁川，五日釜山，七日到達長崎。「三年的時光，我感覺好像過去了十年」、「心中充滿喜悅，三個女孩互相讚歎著山水之美，她們說：在這麼美麗的國家，待多少年都不會厭倦，不過，一定要努力學習。」所見之處她們盡皆驚詫。驚訝於火車、輪船，以及大海。但是因為女史的體貼入微而甚感安心、親近。一開始女史擔心她們在旅途住宿，能否睡得著呢，幾次去隔壁房間查看，第一天晚上反而是女史沒睡好。第一次的海上之旅，少女們也並不暈船，平安無事地到達了長崎。八日司門、九日神戶、「第二天上午九點半，平安順利地到達了東京新橋」。

天生病弱的女史得以在困苦、貧乏與疾病中忍耐下來，多虧了其異常的精神、愛心與至誠的力量。女史因功於戰後榮獲六等勳章。不久誕生了眾多繼任者，女史創業的功績得以永存後世。她教過的很多少女，正如女史想的那樣，在中國的家庭中充分發揮著妻子的影響力，用實際行動踐行著女史的教誨。這位先驅者不是理想家，而是擁有誠摯態度與高昂熱情的卓越踐行者。這是日本女性魅力的自然流露，鄙人為了講明這種踐行力體現在何處，選取女史的文集，粗略地勾勒其事業包括其他諸多方面。文章言辭優美，但是與今天享譽文學盛名的女性或少女，或者沒有文筆的女性的文章相比，其審美情趣迥然相異，充滿著日本大眾女性之美，至少讀者僅通過閱讀鄙人在拙文中的引用部分也會有所認同吧。

以「三個喀喇沁少女是第一次離別家鄉旅行」為開頭的文章值得細細品讀。鄙人從這一行文字中體味到女史將蒙古少女帶至日本的遠大見識深處所蘊含的性情，心裡湧起一股暖意。今天，面對那片廣闊無垠的新土地，我想到了：喀喇沁少女，在日本最美的日子裡，貫穿她們行為背後的世界、事業和精神的那個東西是只有在《萬葉集》中才能發現的浪漫語言。這種浪漫的迴響也很動聽，如詩般開頭的一行文字朗朗上口，我禁不住心情振奮。今天的人們依然能夠寫出如此優美的語言，這一寶貴的性情是日本歷史賜予一名女性——河原操子的恩寵，並且她自然、不做作，兩者都值得被記憶。鄙人試圖從所有最平凡的市井田園的女性中發現「河原操子」的性情，所以寫了這篇小文。歷經各種歲月後在一個清爽的早晨即將啟程旅行時，能夠寫出如此美麗的語言，依靠的當然不是什麼報答，而是神賜予的無限慈悲的愛心吧。這正如在無數的語言當中只有極個別的詩句是天才詩人創作的一般，這些優美的語言是唯獨只有河原操子才能寫就的詩句。

（昭和十四年一月）

史地傳記類　PC1009　日本人中國邊疆紀行4

內蒙風物
——喀喇沁王府的日本女教習

作　　者／一宮操子
主　　編／張明杰、袁向東
譯　　者／孫紹岩、吳麗霞
責任編輯／楊岱晴
圖文排版／蔡忠翰
封面設計／王嵩賀

發 行 人／宋政坤
法律顧問／毛國樑　律師
出版發行／秀威資訊科技股份有限公司
114台北市內湖區瑞光路76巷65號1樓
電話：+886-2-2796-3638　傳真：+886-2-2796-1377
http://www.showwe.com.tw
劃撥帳號／19563868　戶名：秀威資訊科技股份有限公司
讀者服務信箱：service@showwe.com.tw
展售門市／國家書店（松江門市）
104台北市中山區松江路209號1樓
電話：+886-2-2518-0207　傳真：+886-2-2518-0778
網路訂購／秀威網路書店：https://store.showwe.tw
國家網路書店：https://www.govbooks.com.tw

2022年12月　BOD一版
定價：390元

國家圖書館出版品預行編目

內蒙風物：喀喇沁王府的日本女教習/一宮操子著；孫紹岩，
吳麗霞譯. -- 一版. -- 臺北市：秀威資訊科技股份有限
公司, 2022.12
面； 公分. -- (史地傳記類；PC1009)(日本人中國邊疆
紀行；4)
BOD版
ISBN 978-986-326-912-0(平裝)

1.生活史 2.內蒙古自治區

675.4 110008705